儿童友好视域下
城市公共资源的教育功能研究

黄媛媛　庄爱玲 / 著

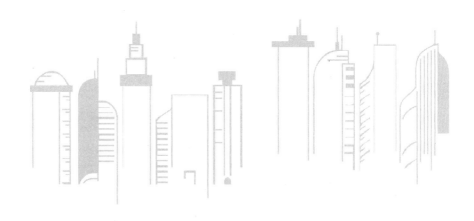

电子科技大学出版社
University of Electronic Science and Technology of China Press

· 成都 ·

图书在版编目（CIP）数据

儿童友好视域下城市公共资源的教育功能研究 / 黄媛媛, 庄爱玲著. -- 成都：成都电子科大出版社,
2025. 1. -- ISBN 978-7-5770-1408-1

Ⅰ. G52

中国国家版本馆 CIP 数据核字第 2025CS2807 号

儿童友好视域下城市公共资源的教育功能研究
ERTONG YOUHAO SHIYU XIA CHENGSHI GONGGONG ZIYUAN DE JIAOYU GONGNENG YANJIU

黄媛媛　庄爱玲　著

统筹策划　杜　倩
策划编辑　李　倩
责任编辑　彭　敏
责任校对　杨雅薇
责任印制　梁　硕

出版发行　电子科技大学出版社
　　　　　成都市一环路东一段 159 号电子信息产业大厦九楼　　邮编　610051
主　　页　www.uestcp.com.cn
服务电话　028-83203399
邮购电话　028-83201495

印　　刷　成都市火炬印务有限公司
成品尺寸　170 mm×240 mm
印　　张　11.5
字　　数　215 千字
版　　次　2025 年 1 月第 1 版
印　　次　2025 年 1 月第 1 次印刷
书　　号　ISBN 978-7-5770-1408-1
定　　价　68.00 元

前　　言

　　儿童是国家的希望，民族的未来。为儿童创造良好的生活环境，保障儿童的全面健康发展一直是社会各界关注的焦点。当前社会变革与城市化进程的加快，使得城市环境在儿童成长和发展中的作用愈发突显。城市丰富多样的公共资源如何在儿童教育中充分发挥功能和彰显价值，成为新发展理念下城市建设的重要议题。

　　《中华人民共和国国民经济和社会发展第十四个五年规划和2035年远景目标纲要》将儿童友好城市建设列为重大工程，表明儿童友好是我国城市高质量发展的重要价值取向。建设儿童友好城市是一个系统工程，各个城市建设的基础和路径不同，在建设过程中对城市公共资源功能价值的实现方式也有所差异，形成了丰富的案例，积累了丰富的实践经验。

　　本书遵循从理论基础、政策沿革、案例实践，到理性分析、价值提炼的完整研究思路，基于儿童友好视角审视城市公共资源的功能，厘清其教育价值的内涵、特点和表现；通过对深圳、上海、成都等儿童友好城市建设实践案例的比较分析，总结归纳目前城市公共资源教育功能实现的现状、特点以及问题和经验；聚焦图书馆、城市公园、社区等主要公共资源，梳理儿童友好城市建设中对其教育价值挖掘和建设的典型做法及现实成效，进而提出充分发挥城市公共资源教育功能的可行策略建议，促使城市公共资源能够更好地服务于儿童的健康成长和全面发展。

目　　录

第一章

儿童友好理念与公共资源的背景耦合

我国一直以来都十分重视保障儿童权益，促进儿童健康成长。《中华人民共和国国民经济和社会发展第十四个五年规划和 2035 年远景目标纲要》将儿童友好城市建设列为重大工程。2021 年，国务院颁布的《中国儿童发展纲要（2021—2030 年）》、国家发展和改革委员会颁布的《关于推进儿童友好城市建设的指导意见》都明确提出"建设儿童友好城市和儿童友好社区"。这些文件共同彰显了我国对儿童权益保障和儿童健康成长的高度重视，通过纳入国家规划、出台具体纲要与指导意见等举措，有力推动了儿童友好城市和社区的建设。

我国儿童友好城市和社区建设现处于起步阶段。2019 年，我国儿童友好社区促进会公布了首批 16 个"中国儿童友好社区建设试点"，其中，成都市占据四席，也是入选试点社区最多的城市。2021 年，成都市幸福美好生活十大工程之一的"全龄友好包容社会营建工程"中提出"到'十四五'末期建成儿童友好城市"，标志着建设儿童友好城市成为成都的城市战略。2022 年，《成都儿童友好城市建设五年行动计划（2021—2025 年）》出台，进一步明确了"到 2023 年，建成首批儿童友好社区、儿童友好单位示范，落地一批儿童友好重大项目；到 2025 年，实现儿童友好社区建设全覆盖"的建设目标。成都致力于打造一个以品质为先导、持续成长、活力四射的儿童友好型社区网络，旨在全面构建儿童友好城市，并建立一个与全市经济社会发展水平相匹配的未成年人关爱与保护体系。

国家发展和改革委员会颁布的《关于推进儿童友好城市建设的指导意见》等政策文件已为我国儿童友好城市的发展提供了指导。在城市规划、公共设施建设、儿童教育和健康服务等方面，儿童友好城市的概念仍有待进一步探索和实践。在这一背景下，深入研究我国儿童友好城市的建设现状、问题与前景，针对性地分析城市规划、教育等方面的挑战和机遇，成为当下亟待探讨的议题。为此，本书将深圳市、上海市和成都市等作为案例，以系统性的角度考察儿童友好城市建设，期望通过全面而深入的探索，揭示我国儿童友好城市建设在政策、实践和理论层面的现实问题与潜在机遇，以期为该领域未来的发展提供有益的启示和借鉴。

本书的理论基础涵盖儿童友好城市概念、儿童权利理论以及城市规划与发展的相关理论，这些理论框架将有助于读者深化对儿童友好城市建设的理解，为实地调研和文献研究提供更为系统和有力的支撑。

儿童权利理论基于联合国《儿童权利公约》，其宗旨在于确保儿童的基本权益和福祉得到保障。该公约明确规定了儿童的生存权、发展权、受保护权以及参与权。在构建儿童友好城市的过程中，确保和实施这些权利尤为关键。将儿童权利的理念深度整合进城市规划与政策制定之中，不仅能够为儿童营造一个安全且有益的成长环境，而且有助于培养他们积极的参与意识和社会责任感。儿童是国家的希望，民族的未来。本书将通过对儿童权利理论的分析，探讨其在儿童友好城市建设中的具体应用和意义。目前，社会各部门对儿童健康成长、茁壮发展的关注度持续升高。同时，为了促进儿童友好环境的建设，各种措施也在日益增加，包括儿童友好城市的打造、儿童友好型社区的构建及儿童友好型医院的建设等。这些举措旨在为儿童的成长和发展提供适宜的条件、环境和服务，从而促进他们的健康发展，并确保儿童的生存权、发展权、受保护权和参与权得到实际保障。儿童友好这一重要概念最早于 20 世纪 60 年代在心理学和教育学领域提出，后来被列入 1989 年《儿童权利公约》的内容中。概括来说，儿童友好理念的实现应建立在保障儿童基本权利的基础上，体现对儿童人格尊严和社会地位的尊重。它强调对儿童的人文关怀，致力于创造一个有利于儿童身心健康发展的环境，释放儿童的天性，从而推动儿童健康成长，共同迈向美好的未来。打造儿童友好城市是一项复杂的系统工程，鉴于每个城市的基础条件各异，其路径和方法也应有所区别。在成都，建设儿童友好城市的工作重点放在了儿童友好社区的建设上。目前，成都已经建立了 4 个市级和 20 个县级儿童友好试点社区，并成功打造了 279 个儿童友好幸福场景，实现了"儿童之家"的全面覆盖。其中，四个市级试点社区中有三个入选了首批"中国儿童友好社区建设试点"的社区，在成都市乃至全国都有一定的代表性和先进性。

城市规划与发展理论涉及城市的整体规划、空间布局、基础设施建设等方面，对儿童友好城市的实现具有重要影响。可持续城市发展、社会包容性规划等概念强调人本主义，为儿童友好城市的建设提供了基础。城市规划与发展理论中的公共空间设计、社区参与等要素，与儿童友好城市建设密切相关。本书将通过对城市规划与发展理论的梳理，分析其与儿童友好城市建设的关系和相互影响。

第一节　儿童友好理念与公共资源的现实关切

一、新时代儿童发展需求与全面发展战略

儿童事业是党和国家事业的重要组成部分，党中央和国务院高度重视儿童工作。儿童事业涉及众多部门和领域，自 2018 年起，一系列旨在促进儿童健康

成长和推动儿童事业全面发展的法律政策陆续在我国颁布。这些措施显著改善了儿童的生存和发展状况，新时代的儿童事业发展迈入了新的征程。《中国儿童发展纲要（2021—2030年）》将儿童工作的范围从五大领域扩展至七大领域，为我国儿童事业的发展勾勒出了美好的蓝图。2023年9月，第七次全国妇女儿童工作会议，传达了习近平总书记的重要指示，强调在推进国家强盛和民族复兴的伟大事业中，妇女是不可或缺的力量，而儿童则是未来的希望和力量。

儿童代表着国家的希望，承载着中华民族的未来。在新时代的背景下，中国儿童应当胸怀远大志向和梦想，热爱学习、勤于劳动，懂得感恩与友善，勇于创新和奋斗，实现德智体美劳的全面发展，成为优秀的新一代儿童；立志为强国建设、民族复兴而读书，不负家长期望，不负党和人民期待。新时代教育的根本任务是立德树人，培养德智体美劳全面发展的社会主义建设者和接班人。学生的理想信念、道德品质、知识智力、身体和心理素质等各方面的培养缺一不可。在全面推进社会主义现代化建设的进程中，进一步加强儿童发展的战略地位至关重要，确保儿童优先的原则得到切实执行和体现。中华民族的伟大复兴，需要一代又一代人的不懈奋斗。致力于儿童事业，培养并锻造一支强大的后备力量，是确保中华民族伟大复兴的宏伟蓝图得以逐步实现的关键。因此，应将儿童发展和权利保护放在更加优先的战略位置，在制定法律政策、规划编制、资源分配时，要充分体现出儿童优先的原则，实施更加积极的儿童发展策略，为构建社会主义现代化国家打下坚实的人力资源基础。

落实立德树人根本任务，培养德智体美劳全面发展的社会主义建设者和接班人。坚持为党育人、为国育才，用习近平新时代中国特色社会主义思想铸魂育人。党的二十大报告将教育、科技、人才"三位一体"统筹安排，旨在全面提升儿童的创新素养，为培育顶尖的创新型人才筑牢根基。近年来，国家连续推出了一系列教育政策，以增强改革的系统性和整体性。教育评价事关教育发展方向，2020年10月，中共中央、国务院印发了《深化新时代教育评价改革总体方案》，这是新中国成立以来第一个关于教育评价系统改革的纲领性文件。该文件着重指出，应将立德树人的成效作为评估教育质量的根本标准，坚决克服偏重智育而忽视德育、偏重分数而轻视素质等片面的办学行为，以促进学生的身心健康和全面发展。2021年7月，中共中央办公厅与国务院办公厅联合发布了《关于进一步减轻义务教育阶段学生作业负担和校外培训负担的意见》，旨在加强学校教育的核心地位，深化对校外培训机构的管理，从而构建一个更加健康和谐的教育环境，以促进儿童在德、智、体、美、劳各方面的全面发展，培养具备创新精神和未来竞争力的社会主义建设者和接班人。

二、城市高质量发展理念与儿童友好创建

城市作为推动高质量发展、创造高品质生活及全面建设社会主义现代化国家的关键平台，发挥着至关重要的作用。习近平总书记在党的二十大报告中强调，"以城市群、都市圈为依托构建大中小城市协调发展格局。推进以县城为重要载体的城镇化建设。坚持人民城市人民建、人民城市为人民，提高城市规划、建设、治理水平，加快转变超大特大城市发展方式，实施城市更新行动，加强城市基础设施建设，打造宜居、韧性、智慧城市"。为了确保儿童的全面发展，家庭、学校和社会都肩负着重要的责任。《中国儿童发展纲要（2021—2030 年）》除了在"儿童与教育"领域明确提出"学校家庭社会协同育人机制进一步完善"的主要目标和"坚持学校教育与家庭教育、社会教育相结合"的策略措施外，还在多个领域坚持以问题导向，大力推动家校社协同育人。社会作为协同育人的参与者，营造一个儿童友好的环境对于促进儿童的全面发展和健康成长至关重要。儿童友好不仅是一种理念，更是一种实践。坚持儿童友好，意味着全面保障儿童在生存、发展、受保护和参与方面的权利，为儿童提供适宜的政策、空间、环境和服务。《中国儿童发展纲要（2021—2030 年）》通篇贯彻儿童友好的理念，在"儿童与环境"领域明确提出"建设儿童友好城市和儿童友好社区"，要求将儿童优先的原则融入公共政策的制定、公共设施的建设以及公共服务的提供等各个领域，旨在进一步推动形成一个更加尊重和关爱儿童的社会环境。

《中华人民共和国国民经济和社会发展第十四个五年规划和 2035 年远景目标纲要》明确提出"开展 100 个儿童友好城市示范"的任务并将其列入国家重大工程项目，国务院颁布实施的《中国儿童发展纲要（2021—2030 年）》制定了建设儿童友好城市和儿童友好社区的目标和策略措施；国家发展和改革委员会以及国务院妇女儿童工作委员会办公室联合 23 个部门发布了《关于推进儿童友好城市建设的指导意见》，为创建儿童友好城市提供了明确的政策导向。目前，儿童友好城市的理念已经汇聚了更多地方政府对于提升儿童事业发展质量的共同认识，并且激发了社会各界的活力与创新精神，使得儿童友好城市的建设驶入了快速发展的轨道。建设儿童友好城市已经成为各地各部门推进儿童工作的有效途径，这一举措不仅满足了儿童及其家庭对美好生活的追求，而且为城市的高质量发展增添了新的活力与内涵。儿童友好城市要从社会政策友好、公共服务友好、权利保障友好、成长空间友好、发展环境友好五个方面着手创

5

建。在这五个方面中，一个亟待解决的重要问题便是加强基层儿童保护与服务工作。

儿童成长环境不断优化。校外活动场所对儿童的成长和教育具有不可忽视的影响，应当充分利用这些场所的实践教育潜力。截至 2022 年，我国已建立了 32.9 万个儿童之家以及 494 所妇联所属儿童校外活动场所。[①]2023 年，全国范围内对儿童之家和妇联所属的儿童校外活动场所进行了广泛建设和提升。这些活动场所包括研学基地、生态教育实践基地、科普教育实践基地、青少年宫（含家门口青少年宫）、妇儿活动中心、妇儿驿站（儿童之家）等，旨在保护儿童权利和促进儿童发展。

三、儿童友好城市建设目标与多维主体倡导

儿童友好即尊重和保障儿童各项权利，为儿童创建良好的成长环境。儿童是祖国的未来和民族的希望，儿童发展状况与未来人口和社会发展密切相关。根据国家统计局公布的数据，截至 2023 年年末，全国 0～15 岁人口数量为 2.4789 亿，占全国总人口的 17.6%（图 1.1）。关注儿童群体生存状况，创造适宜他们居住和生活的城市环境，是促进儿童健康成长的必然途径，也是我国人口发展转折时期值得全社会关注的重要议题。如何塑造适宜儿童成长的支持性环境，实现儿童健康、全面发展，已经成为国内外学者共同关注的话题。

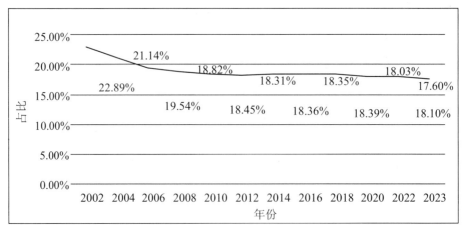

图 1.1　我国儿童所占全国人口比例发展趋势图

①　中国妇女报. 在新征程上促进儿童健康成长、全面发展[EB/OL].[2023-11-07]. https://m.163. com/dy/article/IIUE3NFP0512A3H0.html.

　　近年来，儿童成长空间与环境状况的问题已逐渐成为社会关注的焦点，在此背景下儿童的生存空间得到了显著改善。在现代社会中，儿童是一个特殊群体，他们的成长环境，不仅仅是物理空间的延伸，更是身心健康、学习与发展的基石，必须将儿童置于各项规划发展的核心位置，这不仅仅是对"以人为本"原则的坚定践行，更是对儿童发展需求与想法的尊重。以儿童为主体，关注他们的每一个细微需求，尊重他们的每一份独特想法，才能真正体现儿童发展观念的价值践行。2021年，《中华人民共和国国民经济和社会发展第十四个五年规划和2035年远景目标纲要》提出"深入实施儿童发展纲要，优化儿童发展环境，切实保障儿童生存权、发展权、受保护权和参与权"。《中国儿童发展纲要（2021—2030年）》中提出坚持儿童优先原则，保障儿童在健康、安全、教育、福利、家庭、环境、法律等领域权利的实现，在社会生活各领域为儿童提供政策、服务和保障，在"儿童与环境"部分提出开展儿童友好城市和儿童友好社区创建工作。同年，国家发展改革委联合23个部门颁布《关于推进儿童友好城市建设的指导意见》，明确提出儿童友好城市的建设目标，并推动整个社会积极实践儿童友好理念。在此背景下，儿童友好意味着为儿童的成长和发展创造一个适宜的环境与服务条件，切实保障儿童的生存权、发展权、受保护权和参与权。[①]这些政策和措施旨在为儿童创造更好的学习和成长环境，确保他们能够伴随时代的脚步茁壮成长。

　　长期以来，社会各界一直在研究城市环境和儿童成长之间的关系。随着儿童友好理念的提出、丰富、落实，儿童的发展等话题受到了持续重视。近年来，儿童友好城市、儿童友好社区、儿童友好公园、儿童友好医院等关于儿童成长空间的研究和建设也持续稳步推进。"儿童友好城市"建设如火如荼。2021年，国家发展改革委印发《关于推进儿童友好城市建设的指导意见》，已有93座城市入选建设国家儿童友好城市名单。《城市儿童友好空间建设导则（试行）》为推进城市儿童友好空间建设提供科学指引。本书将以儿童发展、儿童成长空间、儿童友好城市等为关键词对儿童友好各方面的发展及现状进行梳理、研究。

---

　　① 李雨姝,鄢超云."儿童友好"理念的核心内涵及其教育实践[J].学前教育研究,2023,（3）：48-57.

第二节　儿童友好理念与公共资源的内涵解析

一、儿童友好的内涵及其发展过程

（一）儿童友好的内涵

儿童友好这一概念的提出最初源自瑞士心理学家和教育家让·皮亚杰（Jean Piaget）在其认知发展理论研究中强调了尊重与关爱儿童、全面理解儿童的发展特点，以及为儿童提供适宜学习环境的重要性，这些理念也为"儿童友好"概念的诞生奠定了坚实的基础。

1989年，儿童友好的概念被列入了《儿童权利公约》。它是世界上第一部保障儿童权利的有法律效力的国际性公约。这部具有法律效力的国际性公约标志着全球对儿童权利进行切实保障的开始，具有里程碑意义。该公约强调儿童友好的基本内涵就是尊重和保障儿童各项权利，为儿童创建良好的成长环境；也清晰地指出应确保儿童享有的基本人权，这包括参与文化和社会生活的权利，以及受到保护以避免有害影响、虐待和剥削的权利。此外，还包括儿童的生存权和全面发展的权利。同时，首次将儿童"参与"的权利解释为"在所有影响儿童的事务中，儿童应该被告知信息，并具有自由表达、选择、改变事务的决策的权利"。

联合国儿童基金会（United Nations International Children's Emergency Fund，UNICEF）认为，儿童友好意味着确保儿童在其成长过程中，其权利、需要和利益得到充分的考虑和尊重。这包括为儿童提供安全、健康、教育、参与等方面的保障。印度学者查特吉（Chatterjee）对儿童友好概念做出了更加详尽的解释，他认为儿童友好不仅仅是一个简单的口号或愿景，而是一种理想的社会状态，其中，儿童作为社会的未来与希望，被赋予了在健康、安全、舒适的环境中成长与发展的权利。这种环境是全方位的，既包括了物理空间上的安全无虞、设施便利，如专为儿童设计的游乐场所、无障碍的公共设施等，也涵盖了心理与情感层面的尊重、关爱与接纳。他进一步强调，在这样一个"儿童友好"的社会里，儿童不应受到任何形式的歧视或偏见，无论是基于性别、种族、社会经济地位还是其他任何个人特征的差异。相反，他们应当被视为拥有独特价值与潜能的个体，其声音和权利应得到充分地倾听与保护。当儿童的权益受到忽视或侵害时，社会应当提供有效的机制与途径，使他们能够勇敢地站出来，积极寻求帮助与正义，确保他们的权益得到恢复与保障。

（二）儿童友好内涵的发展过程

法国儿童精神分析学家弗朗索瓦兹·多尔多（Francoise Dolt）在《儿童的利益》一书中提出，儿童自被孕育、至少是自出生的时候开始就构成一个主体，他们具有独特的感受和需求。她强调儿童作为独立主体的地位，认为应该从儿童的视角出发，理解他们的需求和感受。英国儿童心理学家乌莎·戈斯瓦米（Usha Goswami）在其著作《儿童心理学》中强调了儿童在成长过程中的心理需求和发展特点，提出了安全依恋对儿童心理发展的重要性。她认为，儿童需要在一个充满爱和关怀的环境中成长，这有助于他们建立安全感，促进自我理解和复杂能力的发展。这些观点为儿童友好理念的提出和发展提供了重要的理论基础。

幼儿的可持续发展教育已成为世界各国共同关注的重要议题。1992 年，联合国在巴西里约热内卢举办的环境与发展大会上提出了"可持续发展行动纲领"，并采纳了以可持续发展为核心理念的《21 世纪议程》，首次将可持续发展教育纳入议程，强调教育在推动可持续发展和提升公众解决环境与发展问题能力方面的重要性。1996 年，联合国教科文组织提出了"为了可持续性的教育"的概念；同时，联合国儿童基金会与联合国人类住区规划署联合发起了"儿童友好城市倡议"。该倡议明确了儿童友好城市的概念。在这样的城市或社区中，儿童的意见、需求、优先事项以及权利，成为当地公共政策、程序和决策过程中的必要组成部分。该倡议的目标是构建安全、包容、充分满足儿童需求的城市和社区环境，确保儿童的基本权利得到保障，并为儿童提供一个能够自由表达意见、享受平等对待、安全成长的空间。

20 世纪 90 年代后期，联合国儿童基金会与泰国、菲律宾、老挝等国开展了基础教育合作，推行"面向爱生的学习环境"试验项目，试图建立一个以学生为本、处处体现热爱学生的环境。[①]1996 年至 2000 年，我国与联合国儿童基金会合作开展教育项目，将创建"爱生学校"作为重点工作，致力于推动项目区域内的学校改革，优化教学关系，并改善学校、社区与家庭之间的互动。[②]这一阶段，率先以城市建设为阵地开展儿童友好实践行动，并逐步扩展至学校教育、医疗卫生、经济、司法等各个领域。

2002 年，联合国召开儿童问题特别会议，要求各成员国承诺将儿童的利益

① 傅淳. 爱生学校与《儿童权利公约》——以学生为本尊重与保护学生权利的教育理念与实践[J]. 学术探索，2002（3）：84-86.

② 于兴国. 创建"爱生学校"的几点思考[J]. 师范教育，2002（Z1）：9-10.

置于首位，致力于发展有利于其居住的城市与社区，并且明确了建设适合儿童成长的十项原则与目标。《21世纪议程》倡导为儿童营造一个健康、舒适、安全、愉悦且普惠共享的成长环境。

2018年，联合国儿童基金会颁布《儿童友好城市规划手册》，进一步明确了儿童友好城市的理念，旨在引导全世界的人们重视儿童成长空间，重视儿童发展需求，保障儿童权益。社区作为城市最基础的元素，要更好地满足儿童的发展需求，解放儿童天性。儿童友好型社区理念逐渐形成。

2021年，《关于推进儿童友好城市建设的指导意见》中明确指出，"儿童友好是指为儿童成长发展提供适宜的条件、环境和服务"。以"儿童"为核心，"友好"为宗旨，儿童友好致力于贯彻儿童优先的发展理念，完善社会服务政策，确保儿童的基本权益得到切实保护；扩展城市公共空间，全面促进儿童的健康成长；优化公共设施的资源配置，确保满足儿童健康发展的需求。将儿童友好的理念融入整个社会，旨在以实现政策、服务、福利、成长空间和社会环境的全面友好，并将其作为最终目标。

在2023年4月第十届亚洲幼教年会中，中国教育学会国际教育分会秘书长张东升先生深入阐述了儿童友好的三大核心理念与原则，其核心目标在于将儿童应有的权利切实归还于儿童手中，具体涵盖三个方面。第一是坚持"儿童优先"的原则。这一原则要求在城市规划、设计、运营管理等多个环节中将儿童的需求及其发展置于首要考虑地位，这不仅是衡量社会文明程度的重要标尺，更是对儿童权益的深切关怀与尊重。第二是倡导"儿童参与"的理念。这意味着鼓励儿童积极表达自身愿望。同时，成人需以开放的心态倾听并尊重这些愿望与要求。进一步而言，应让儿童有机会参与城市、社区、学校及幼儿园等各个层面的管理活动中，使他们在实践中学习、成长，并逐步形成自我管理与参与社会事务的能力。第三是强调"一切都是为了儿童发展"。这一原则旨在通过全方位的努力，为培养具备国际视野、责任感与创新能力的未来世界公民奠定坚实基础。这同时也是为每个人的一生开启幸福旅程的重要起点，体现了对儿童成长与发展的长远规划与深切期望。

二、城市公共资源概念与功能

近年来，"适儿化"改造已经逐渐成为城市建设的核心理念。它将儿童友好的理念细化、落实到孩子们生活中的各个场所，主要围绕"游玩"和"求知"两个维度，为儿童提供适宜的条件和服务，从公共服务设施到公共空间的改善，再到出行环境的加强，城市各类场所中纷纷建设或改善儿童的专属空间，如儿童友好型图书馆、儿童友好公园、儿童友好医院、儿童友好社区等，逐渐为儿童绘制出一幅温馨舒适的城市生活图景。在每个孩子的成长过程中，环境总是发挥着潜移默化且至关重要的影响和作用。正如城市规划学家简·雅各布斯（Jane Jacobs）所言："城市应该是一个充满生机的、为孩子们设计的空间，因为他们是未来的居民和创造者。"有趣、有意义、有温度的生活环境，不仅能让孩子们快乐地增长见识、主动地获取知识，更能激发他们的想象力和创造力，满足好奇心和探索欲，全方位地促进儿童的健康发展。

（一）城市公共资源的概念界定

城市公共资源作为城市发展的基石和市民生活的重要支撑，涵盖了城市空间、设施、服务等多方面的要素。在深入探究其概念时，城市公共资源不仅是城市经济、社会、文化等多方面发展的物质基础，更是推动城市可持续发展的重要保障。

从空间维度来看，城市公共资源涵盖了城市的道路、广场、公园等公共空间，这些空间是市民进行日常活动、交流互动的重要场所，也是城市形象和文化特色的重要体现。同时，城市中的公共设施，如供水、供电、通信等是城市公共资源的重要组成部分，它们为市民提供了基本生活保障。

从服务维度来看，城市公共资源还包括教育、医疗、文化等公共服务资源。这些资源直接关系市民的生活质量和社会福祉，体现了城市发展的软实力。优质的教育资源能够提升市民的文化素质和创新能力，先进的医疗资源能够保障市民的健康和生命安全，丰富的文化资源则能够提升市民的精神文明水平，增强城市的凝聚力和向心力。

在城市化进程不断加快的今天，城市公共资源的合理配置和高效利用显得尤为重要。通过优化城市空间布局、提升公共服务水平、加强公共资源管理等方式，我们可以更好地满足市民的多元化需求，推动城市的可持续发展。加强城市公共资源的保护，是维护城市生态环境、传承城市文化特色的重要举措。

（二）儿童友好视角下城市公共资源的概念界定

从儿童友好的独特视角出发，公共资源可以被界定为一系列支持儿童教育、发展及其福祉所需的共享资源和服务。这些资源不仅包括了物质层面的设施、设备和资金等，还包括非物质层面的政策、制度、文化和社会环境等。

第一，物质层面。主要是指教育设施、设备和资金等。公共资源应支持儿童接受优质、全面的教育。这包括提供适合儿童年龄和发展阶段的教育设施，如学校、图书馆、博物馆等；提供丰富多样的教育资源，如教材、教具、多媒体设备等；提供高质量的教育服务，如师资培训、教育咨询等。这些资源和服务旨在帮助儿童获取知识、培养技能、塑造品格，为其未来的成长和发展奠定坚实的基础。

第二，非物质层面。主要是指教育政策、制度、文化和社会环境等。公共资源应满足儿童在身体、心理、社会等各方面的需求。这包括应制定和完善有利于儿童发展的教育政策，如实施义务教育均衡化政策，确保儿童能够接受公平、优质的教育；建立儿童参与机制，鼓励儿童参与公共活动和公共事务，培养儿童的公民意识和责任感；提供健康、安全、卫生的生活环境，如公园、游乐场、医疗机构等；提供丰富多彩的文化娱乐活动，如艺术表演、体育比赛等；提供社会交往和互动的机会，如社区活动、志愿服务等。这些资源和服务有助于儿童全面发展，培养其自主性、创造性和社会适应能力。

在公共资源的配置上，应优先考虑儿童的需求和利益，确保儿童能够公平、充分地获得这些资源和服务。政府和社会各界应共同努力，加强公共资源的建设和管理，提高公共服务的水平和质量，为儿童的成长和发展提供更好的支持和保障。

（三）儿童友好视角下城市公共资源的教育功能分析

从社会层面来看，教育具有文化功能与生态功能。教育的文化功能显著且多元，它不仅承担着文化传承与保护的职责，更在促进文化的传播、选择，以及创新与更新方面发挥着至关重要的作用。为了实现文化的有效传递，教育必须精挑细选，将那些既有价值又符合儿童身心发展规律的精华内容，以系统的方式传递给儿童，使人类的精神财富得以内化为儿童个体的内在财富。这一过程不仅培养了儿童对文化的浓厚兴趣，还丰富了他们的文化积累，让他们既能适应并融入社会的文化活动，又能根据已有的文化知识以及未来社会的发展需求，创造出更多先进且美好的文化。随着儿童友好理念的日益深入和广泛实践，文化教育已深深融入儿童生活的每一个角落，进一步强化了其文化功能。以儿童友好型社区为例，天津市南开区天拖东社区党委与南开大学共同推出的"小业主公益课堂"，组织大学生志愿者走进社区，传授中华传统文化、音乐、美术等知识，不仅拓宽了文化教育的领域，也增加了儿童接触文化知识的机会。在国际化、数字化的时代背景下，儿童在感受和学习我国优秀传统文化的同时，也能接触并理解他国文化的精华和差异，感受文化的交流与融合，丰富知识储备，进一步拓展教育的文化功能。

教育的生态功能同样不容忽视。通过学校与社会的共同努力，加强对生态文明教育的重视，鼓励学生参与生态文明活动，使学生深入了解生态文明的知识，形成生态文明的理念，这不仅能培养儿童爱护自然、尊重生命、保护生态环境、节约资源的品质，还能在参与过程中深化他们的认识，激发他们对生态文明建设的兴趣和信念。在儿童友好理念日益受到重视的今天，国家与社会的生态环境也在持续改善，儿童生态文明教育不断加强，如儿童友好公园的建设，就充分体现了对生态环境的重视。通过重构儿童与自然的关系，将人与自然紧密结合，不仅为城市增添了更多绿色，也为儿童提供了更多亲近自然、了解自然的机会。这种结合实物与文字的学习方式，使儿童在触摸与感受中深化对自然的认识，更加坚定地树立生态文明的理念。

从个人层面来看儿童生理发展、儿童心理发展、儿童认知发展。为了深化儿童友好的理念并将其具体落实到儿童生活的每一个角落，应着力精心打造和改造儿童的专属空间。以儿童友好公园为例，这一类公园通常配备了针对不同年龄段的儿童所设计的游乐设施，如滑滑梯、蹦床、攀岩网等，确保儿童在玩耍中既能享受乐趣，又能得到适当的锻炼。儿童友好社区则注重自然与运动的结合，为儿童提供一片专属的活动场域，让他们在自由的空间中放松身心，享受运动的快乐。这些专属空间对儿童的身体发育及健康维护都至关重要。

在将儿童友好理念转化为实际行动的过程中，儿童参与是不可或缺的核心要素。通过营造一个重视儿童参与的社会和家庭环境，鼓励儿童积极投身于学校、社区以及社会活动之中。在建设和优化公共设施及空间时，确保儿童能够感受到自己作为"主人翁"的重要性。通过他们对周围环境的积极互动，不断促进儿童的高质量参与，从而加强他们的公民意识，提高其技能。让儿童在城市中自由表达，培养他们勇于发声、敢于表达的习惯，这对塑造儿童积极向上的性格具有极其重要的作用。例如，上海浦东新区的首个村镇地区适儿化改造——"慢行空间"，这个项目充分考虑了儿童的特点和喜好，重视儿童思维调研，并请小朋友们参与设计完成。在整个过程中，儿童积极表达自己的想法，成人充分尊重儿童的想法和意见，并将儿童的意见落到实际中，不仅使空间的适儿化程度更高，提升了公共空间的儿童使用频率，而且使儿童感受到足够的重视，儿童的自信心和敢于表达的欲望也更加强烈。

从儿童视角出发建设或改善儿童专属空间时，要充分考虑儿童的需求，充分尊重儿童的想法，围绕游玩和求知两个维度，为儿童提供适宜的空间条件和公共服务，使儿童可以在有趣、有意义、有温度的生活环境中，快乐地增长见识、主动地获取知识，激发想象力和创造力，满足好奇心和探索欲。例如，部分城市出现的"儿童专属斑马线"，与传统斑马线相比，它不仅更美观醒目，更能够吸引儿童的注意力，而且可以使儿童通过儿童专属斑马线学习到更多关于交通安全的知识，增强儿童的出行交通安全。另外，儿童友好型图书馆则根据儿童的特点和需求进行设计，提供丰富多样的图书资源。在这类图书馆中儿童可以有更大的自由性和选择性，进而主动地学习和获取知识；儿童友好公园则融合了自然与游乐元素，不仅会设置各种各样的游乐设施，还会设置一些自然区，儿童可以在这些区域亲近大自然，感受大自然，从而增进儿童对自然野趣的感知，激发他们对自然生态的兴趣，并使他们可以在自然中获得知识。

三、儿童友好理念核心关系的理论解构

儿童友好意味着儿童优先、儿童利益最大化。构建一个儿童友好的城市，需要家庭、学校、社区乃至整个社会携手合作，共同营造一个适宜儿童生存与成长的环境，必须消除阻碍儿童发展的各种障碍，以真正推动儿童的幸福成长。儿童友好的理念应成为家庭、学校和社会共同教育的核心原则，以促进三者之间的良性互动，为孩子们营造一个充满关爱的教育生态和成长环境。

（一）儿童友好与家庭友好

蔡元培先生在《中国人的修养》一书中说道："家庭者，人生最初之学校也。一生之品性，所谓百变不离其宗者，大抵胚胎于家庭中。"每一个优秀的孩子，都不是横空出世的，而是源于家庭，始于父母；父母是孩子的第一任老师。家庭教育在孩子的成长与发展中扮演着至关重要的角色。家庭环境、父母的榜样作用以及教育方法等，都会对孩子学习语言文字、塑造心理态度以及养成行为习惯产生深远的影响。作为国民教育体系的关键组成部分，家庭教育不仅是社会教育和学校教育的基础，而且是其重要的补充和延伸。

目前，学者们对儿童友好的研究集中在"儿童友好城市""儿童友好社区"，较少聚焦家庭，而家庭对儿童个体的发展影响深远。孙云晓提出，儿童友好理念体现了对儿童优先地位及利益最大化的重视，强调在家庭与学校教育中必须将尊重儿童权利作为基本前提和原则。实现儿童友好，需深入了解儿童特性与需求，认识到儿童虽力量薄弱，但作为权利主体，享有特殊保护，具备发展潜力与希望，且个性差异应得到尊重。[①]有学者曾将我国家庭教育的最根本问题归结为"一是漠视孩子的权利，二是家长教育素质的欠缺"。何彩平等指出，家庭作为私人领域，在儿童教养方面拥有较大自主权。在过去很长一段时间里，儿童被视为成人或家庭的附属，但随着经济社会的发展，"以儿童为本"的政策逐渐进入国家政策视野。[②]从我国立法层面上看，《中华人民共和国未成年人保护法》于 2020 年 10 月 17 日第十三届全国人民代表大会常务委员会第二十

---

① 孙云晓. 尊重儿童权利应为家庭教育前提[N]. 中国妇女报，2021-01-18（5）.

② 何彩平，赵芳，曾凡林. 儿童友好家庭指标体系构建——基于儿童和专家的双重反馈视角[J]. 社会建设，2023（3）：26-38.

二次会议第二次修订，2021 年 6 月 1 日正式施行；《中华人民共和国家庭教育促进法》于 2022 年 1 月 1 日正式施行。这两部法律不仅强调了父母的权利和义务，还涵盖了家庭监护责任、家庭教育能力、家庭教育指导服务的提供及儿童全面发展的目标实现等，它们构成了一个以家庭为基础、以儿童为中心的全面规划体系。在施行《中华人民共和国未成年人保护法》《中华人民共和国家庭教育促进法》及儿童友好城市建设的大背景下，推动儿童友好家庭建设成为题中应有之义。

儿童友好从观念、政策等多方面健全家庭教育，通过提供儿童友好型家庭环境，营造幸福关爱的家庭氛围。使儿童在家庭中接受到发展所需的物质环境、教育环境、必要的保护和协助等，从而更好地促进儿童健康成长，为祖国和民族的发展培养人才，为美好的未来储备力量。

（二）儿童友好与学校友好

2021 年 9 月 27 日，国务院关于印发中国妇女发展纲要和中国儿童发展纲要的通知，通知中对儿童友好城市建设做出了进一步的政策引导。建设儿童友好城市，需要社会方方面面都能彰显对儿童的友好，其中，让每一所学校都成为儿童友好型学校是儿童友好社会的重要组成部分。所谓儿童友好型学校是指以儿童发展为中心，尊重儿童发展规律和儿童的想法、意愿，以适宜方式保护儿童各项权利、吸收儿童参与学校治理、满足儿童成长需要。学校的软硬件设施、空间布局、教育理念、教学设计、课程实施以及管理方式等教育教学的各个方面，均以儿童的需求为核心，致力于促进儿童的发展，并在每一个细节中体现出对儿童的关怀与支持。

王桂玲、李君阳提出，儿童的学习活动时刻都在进行，不论其性质为积极或消极，不论发生在学校、家庭还是社区。在儿童成长阶段，学校是主要的学习场所。在学校中儿童所学习的内容远超课本知识；若学校成为使儿童感到安全、愉悦、充满活力、个人尊严得到尊重的环境，则除了传授知识外，还应考虑营造"友好"等要素，例如，消除体罚、鼓励儿童参与、加强家长与学校的联系、促进学校与社区的互动以及关注儿童身体健康等方面，均需师生、学校、家长、社区及教育行政部门的共同努力，以构建一个尊重儿童、认可儿童价值的世界；一个倾听儿童心声、向儿童学习的世界；一个为所有儿童提供机会、充满希望的世界。[①]章莉认为，构建儿童友好型学校的道德基础在于对儿童的理解与尊重。儿童对于游戏的兴趣尤为浓厚。以游戏为载体，体现对儿童的友

---

① 王桂玲，李君阳. 谈儿童友好学校及其创建[J]. 延边教育学院学报，2009（4）：96-98.

15

好，有助于根据儿童的特点创建友好型学校。通过游戏，儿童能够享受心智交流的乐趣，培养自信、勇敢、独立思考及勇于承担风险的品质，从而促进其在学校内的健康成长与发展。①刘宇指出，儿童友好型学校能够提高儿童对学校的认同感，激发学习创造性，增强儿童的获得感，使学校成为儿童喜爱、有效学习、幸福生活的地方。建设此类学校至少需要实现以下四个方面：强化风险应对，构建健康安全的保护性环境；采取多元化路径，将儿童中心教学作为良好实践标准；扩大受益群体，确保所有儿童公平享受高质量教育；超越单向利用，建立学校与社区之间的互惠对话关系。②

（三）儿童友好与社会友好

陶行知先生曾说过："到处是生活，即到处是教育；整个社会是生活的场所，亦是教育之场所。因此，我们又可以说："社会即学校。"社会环境对儿童的健康成长和发展的影响是非常大的，那么建设一个对儿童友好的社会更是至关重要的。

真正的儿童友好型社会，其对儿童的关怀应当是细致入微的。这不仅涵盖了有利于儿童成长的社会舆论氛围、高质量的家庭教育、丰富多彩的儿童精神文化生活、良好的社区儿童保护与服务，还包括对儿童参与权利的保障等多维度目标。儿童友好型社会始终将儿童的权利和利益置于首位，以幼儿的需求为导向，为儿童提供全面的资源与支持，以促进幼儿的全面发展。③彭福伟提出，我国是一个儿童大国，儿童的安全、健康、教育、救助及成长是民众追求美好生活的重要方面。鉴于此，儿童发展应成为公共政策的焦点领域。为实现儿童友好型社会的构建，应着力于提升儿童优先发展战略的地位、建立儿童优先发展的综合政策体系、完善面向儿童的公共服务体系，以及强化国家层面儿童友好城市与社区的构建。推进儿童友好型社会的建设，为儿童的健康发展提供更为理想的发展空间和环境。④蒋永萍则强调了社会环境对儿童生存与发展的关键作用，认为社会环境是儿童社会化过程中的重要外部条件。"近朱者赤，近

① 章莉. 以游戏为载体建设儿童友好型学校[J]. 教学与管理，2022（8）：8-10.

② 刘宇. 儿童友好学校:高质量学校发展的可能路径[J]. 教育发展研究，2022（Z2）：25-32.

③ 北京市大兴区第七幼儿园行政教研组. 儿童友好，让教育更美好——构建儿童友好幼儿园，促进高质量学前教育发展[EB/OL]（2024-04-12）. http://www.cepnp.com.cn/newsinfo/7041468.html.

④ 彭福伟. 构建儿童友好型社会的思考[J]. 中国国情国力，2020（12）：39-41.

墨者黑"这一古训，以及"孟母三迁"的故事，均凸显了良好环境对个人成长的重要性。在现代社会，随着对环境影响的重视程度不断提升，优化儿童成长的家庭与社会环境，不仅是保障儿童权益的基础，而且在儿童全面发展和健康成长过程中具有不可替代的作用。这一优化过程，通过构建以儿童需求为核心、尊重个体差异、营造友好互动氛围并提供全面支持的系统性环境，旨在为儿童打造一个和谐、安全、富有启发性的成长空间，从而有效促进儿童身心健康发展，为其未来成为社会有用人才奠定基础。[①]

第三节　儿童友好理念与公共资源的价值探究

一、理论意义

（一）强调儿童发展需求，确保儿童优先

儿童友好理念始终强调把儿童的发展和需求放在更为重要的位置，充分尊重儿童的身心发展规律、喜好、意见和想法。儿童友好理念的提出，使儿童真正位于中心位置，给予了儿童充分的重视，也使社会各界高度重视儿童的成长和发展，积极关照儿童优先发展。这一理念的深化，得益于儿童研究领域学者们的不懈努力。李静、凌鹭[②]在《儿童友好：多维意涵与时代价值》中明确指出，儿童友好理念尊重儿童的身心发展规律、喜好与意见，确保儿童在成长过程中获得充分的重视与优先权。这一理念的普及，不仅促进了儿童在德、智、体、美、劳等多方面的全面发展，也推动了家庭友好与社会友好的共融，使维护儿童权益成为社会各界的共识。

（二）深化儿童理论研究，拓宽研究视野

儿童友好理念的推广，促进了人们对儿童领域研究的深入拓展。这一领域跨越了传统学科的界限，汇聚了教育学家、社会学家、心理学家等众多学者的智慧与力量，共同聚焦儿童观的重塑、儿童权利的全面保障、儿童心理与生理成长的奥秘探索、儿童成长空间的优化设计，以及完整儿童培养策略的创新等多维度议题。通过跨学科的研究视角与方法论融合，学者们不仅深化了对儿童

---

① 蒋永萍. 优先、尊重、友好、支持：同创共建更加和谐友好的家庭和社会环境[J]. 中华家教，2021（5）：6-13.

② 李静，凌鹭. 儿童友好：多维意涵与时代价值[J]. 当代青年研究，2023（2）：100-111.

友好理念的理论认知，还积极将研究成果转化为实践指导，促使儿童逐渐从社会边缘走向中心，成为学术界与政策制定者不可忽视的核心焦点。这一过程不仅极大地丰富了儿童友好理论体系的内涵与外延，还为构建更加适宜儿童成长与发展的社会环境奠定了坚实的理论基础与实践指南。

（三）深化儿童权利认知，落实保障机制

儿童友好理念强调儿童作为独立个体的权利和需求，包括但不限于生存权、发展权、受保护权和参与权等。儿童友好理念倡导以儿童为本，从儿童的视角出发，关注儿童的独特需求和感受，为儿童提供更加个性化、精细化的服务和支持。这种理念的推广和实践，得益于国际社会的广泛认同与支持。联合国儿童基金会等国际组织以及各国政府积极采取行动，通过制定和完善相关法律法规及政策框架，确保儿童权益得到有效保障。同时，联合国儿童权利委员会专家等通过深入研究与倡导，提高了社会各界对儿童权益的理解与认识，进一步推动了儿童权利保障水平的提升。

（四）推动教育理念革新，突破传统教育模式

儿童友好理念为儿童教育理念的革新提供了重要契机。传统教育模式往往注重知识的灌输与技能的训练，而忽视了儿童本身的兴趣爱好、创造力及批判性思维的培养。儿童友好理念则强调以儿童为中心，尊重儿童的个体差异与多样性，注重培养儿童的自主性、创造性及批判性思维能力。这一教育理念的转变，得益于教育学者的深入研究与积极实践。他们通过探索创新教育模式与方法，为儿童提供更加多元化、个性化和适切性的教育选择，培养具有创新精神和实践能力的未来人才。

二、实践价值

（一）促进儿童全面成长，塑造完整个体

儿童友好的核心内涵是尊重和保障儿童的各项权利，为儿童创建良好的成长环境，提供更好的空间条件和公共服务，从而促进儿童各方面的发展，培养全方面发展的完整儿童。为所有儿童营造一个优质的家庭、社会环境，确保他们能够健康、快乐、幸福地成长，始终是世界各国共同关注的儿童发展目标。这一目标的重要性与价值日益受到重视。玛丽亚·蒙台梭利（Maria Montessori）说："儿童的成长需要的是一个能够激发其内在潜能的环境。"这一理念的核心在于尊重和保障儿童各项权利，通过创建良好的成长环境，为儿童提供丰富

的空间条件和公共服务，从而促进其全面发展。约翰·杜威（John Dewey）也强调"教育即生活，教育即生长"。在儿童友好的环境中，儿童能够自由探索、积极学习，实现身体健康、智力发展、心理成长、性格塑造及人际交往能力的全面提升。这些观点由不同领域学者，如丹尼尔·西格尔（Daniel J. Siegel）等在其研究成果中得以验证，共同证明了儿童友好理念在促进儿童全面成长方面的有效性和真实性。

（二）完善儿童福利体系，强化政策保障

在党的二十大报告指引下，我国儿童福利体系及相关政策保障不断完善。公共管理领域学者王名在其著作《建言者说（叁）：（2016～2017 政协提案小集）》中指出："政策是儿童权益保障的关键。"从《中华人民共和国国民经济和社会发展第十四个五年规划和 2035 年远景目标纲要》到《中国儿童发展纲要（2021—2030 年）》，再到国家发展改革委颁布的《关于推进儿童友好城市建设的指导意见》，这一系列政策文件为我国儿童友好的实践提供了坚实的政策支撑和制度保障。英国法学教授弗里曼（Freeman）指出："在和谐的自由社会和原始的野蛮社会中不需要权利的保障，但现实社会需要权利来保障儿童，每个儿童都是权利的持有者，权利对儿童具有普遍的道德意义。"这些政策不仅关注儿童的基本权利，还提出了具体的建设目标和要求，体现了对儿童友好理念的深入理解和实践。

（三）激发社会多方力量，共筑友好社会

儿童友好的实践是一个全社会共同参与的过程。社会学家彼得·德鲁克（Peter F.Drucker）认为："社会是由相互依赖的个体和机构组成的网络。"随着儿童友好理念的发展和传播，越来越多的企业、社会组织、志愿者及普通公众开始关注并参与到儿童友好型社会环境的建设中来。2011 年，企业社会责任领域学者迈克尔·波特（Michael E.Porter）在其文章《创造共享价值》中指出："企业可以通过参与社会项目来创造价值。"这种全社会的共同努力不仅为儿童友好建设注入了强大动力，更在全社会范围内营造了关爱儿童、尊重儿童、支持儿童发展的良好氛围。

（四）推动国际交流与合作，共享友好成果

儿童友好理念的实践是全球性的议题。2019 年，联合国儿童基金会（UNICEF）在一份报告中指出，全球应采取紧急措施并重申承诺来促进儿童权利的实现，应对儿童所面临的长期存在及新出现的挑战。随着全球化的深入发展，各国在儿童友好建设方面的经验交流、项目合作和实践研究日益增多。联合国儿童基金会等国际组织在其中发挥了重要作用，通过搭建平台、分享经验、提供技术支持等方式，推动各国在儿童友好领域的合作与互鉴。这方面的国际交流与合作不仅提升了各国儿童友好建设的水平，更在全球范围内形成了关爱儿童、保护儿童的强大合力，共同为儿童的健康成长贡献智慧和力量。

三、实施路径

儿童友好理念自其理论诞生以来，便不断在实践中得到深化和拓展，从单纯的概念逐渐转变为社会生活中随处可见的实景。儿童友好是一个涉及家庭、学校、社区、城市多维度、多尺度的系统工程，并不仅仅局限于空间与设施的供给。然而，空间与设施的完善依然是儿童友好城市建设的起点和基础。儿童友好率先以城市建设为阵地开展实践行动，从儿童视角对城市环境进行评估，强调儿童的公共参与性，并逐步扩展至学校教育、医疗卫生、经济司法等五十余个领域，形成了一个全方位、多角度的儿童友好体系。

（一）政策措施引领

2006 年，我国在修订《中华人民共和国未成年人保护法》草案中具有前瞻性地将"参与权"与"生存权""受保护权""受教育权"并列，同时正式将它们确立为未成年人的法定权利，体现了国家对儿童全面权益的高度重视。《中国儿童发展纲要（2011—2020 年）》进一步将儿童参与确立为儿童保护工作的核心原则之一，彰显了国家对于促进儿童参与和自主发展的坚定决心。2018 年，联合国儿童基金会发布的《联合国儿童基金会友好城市和社区手册》（Child Friendly Cities and Communities Handbook，UNICEF）明确指出，儿童友好城市是那些致力于实现《儿童权利公约》所规定的儿童权利的城市、城镇、社区或地方政府体系。这一概念的提出为在全球范围内推动儿童友好城市建设提供了明确的指导方向。在这一全球趋势的引领下，我国各城市也积极回应并制定具体措施，如长沙市自 2015 年起，便着手打造儿童友好城市，长沙市规划和自然资源局将构建儿童友好型社会的目标纳入《长沙 2050 远景发展战略规划》，展现了城市对于儿童未来发展的深远考虑。与此同时，长沙市规划和自然资源局携手相关部门共同推进了儿童友好城市规划导则研究，旨在制定详细的儿童友好城市指引标准与建设导则，为长沙市打造儿童友好城市提供了科学指导和有力支持。韩光淼等在《国外儿童友好城市建设的启示》一文中，对长沙市的这一做法给予了高度评价，并指出其对国内其他城市在儿童友好城市建设方面具有积极的借鉴意义。[①]

2021 年，《中华人民共和国国民经济和社会发展第十四个五年规划和 2035 年远景目标纲要》正式将"建设儿童友好城市"列为关键任务，并设定了建设 100 个儿童友好示范城市的目标。同年 9 月 30 日，国家发展和改革委员会发布的《关于推进儿童友好城市建设的指导意见》为儿童友好城市建设提供了全面而系统的指导。根据该意见，到 2025 年，全国范围内将启动 100 个儿童友好城市建设试点；而到了 2035 年，预计全国百万以上人口城市中，超过 50%将开展儿童友好城市建设。2022 年 6 月，广州、深圳等 14 座城市入选全国首批建设国家儿童友好城市名单。同年 12 月，国家发展和改革委员会、住房和城乡建设部、国务院妇女儿童工作委员会办公室联合发布了《城市儿童友好空间建设导则（试行）》，旨在引导各类城市空间进行儿童友好的适应性改造。

2023 年 5 月，40 座城市加入全国第二批建设国家儿童友好城市名单。同年 3 月，又有 39 座城市加入全国第二批建设国家儿童友好城市名单。除了国家层面的积极推动，各地区也通过实践积极响应，江苏省儿童友好城市建设取得了显著成效，其中扬州市编制了《扬州市建设儿童友好城市行动规划》，致力于成为江苏省首个系统构建的儿童友好城市。此举对于推动儿童健康发展、彰显城市特色、建设科创名城和儿童友好示范城市具有深远的意义。[②]深圳市在儿童友好城市建设方面更是跑出了"加速度"。自 2018 年起，深圳市便出台了全国首部地方性建设儿童友好城市的行动纲领文件，并明确了构建具有全球城市人本特征的儿童友好城市的目标。此后，该地又陆续出台了多部指导性意见和行动计划，不断完善儿童友好制度体系、空间体系、服务体系和参与体系。在市级层面的有力部署和引导下，各区、街道、企业也纷纷参与，制订并实施了一系列行动计划，形成了"1+1+2+1+×"儿童友好城市建设政策支持体系，推动了儿童友好城市建设在各个领域的蓬勃发展。[③]

各国通过多样化的方式也在进行儿童友好城市建设实践。美国在推动儿童

---

① 韩光森，周源，康雨薇，等. 国外儿童友好城市建设的启示[C]//中国城市规划学会，重庆市人民政府. 活力城乡美好人居——2019 中国城市规划年会论文集（07 城市设计）.深圳大学，2019：10.

② 唐怡，熊苑. 国内儿童友好型城市的在地化探索——以扬州为例[C]//中国城市规划学会，成都市人民政府. 面向高质量发展的空间治理——2021 中国城市规划年会论文集（11 城乡治理与政策研究）. 深圳市城市规划设计研究院有限公司，2021：9.

③ 樊怡君. 深圳跑出儿童友好城市建设"加速度"[N]. 深圳特区报，2023-06-01（A3）.

友好城市建设方面，展现了其全面的制度构建能力。孟雪、李玲玲、付本臣指出，美国通过构建一套涵盖教育、医疗、健康等多领域的全面福利制度，确保儿童权益得到充分保障。其中，2011 年通过的《健康儿童户外法案》具有里程碑意义，它不仅从联邦层面确认了儿童的户外权益，还通过国家战略为相关设施与服务的建设提供了强有力的支持，为儿童创造了更加安全、健康的户外成长环境。[①]在澳大利亚，儿童友好城市的建设得到了地方州政府的积极响应和有效执行。黄慧敏及孟雪等人的研究均提及，澳大利亚地方政府在国家政策的指导下，制定了符合本地实际需求的政策。例如，新南威尔士州在儿童与青年保护法案的推动下，于 2016 年启动了首个针对 0～24 岁儿童与青年的全政府战略计划——儿童与青年战略计划，展现了其在儿童福祉方面的前瞻性和系统性。同时，塔斯马尼亚州也通过建立《儿童与青少年健康框架》，为儿童在本州内的健康成长奠定了坚实基础。意大利在儿童友好城市建设方面，注重法律法规与制度保障的结合。黄慧敏指出，意大利政府通过颁布促进儿童与青少年权利和机会的法律，为儿童权益的落实提供了坚实的法律制度保障。此外，意大利还设立了国际儿童发展中心、国际青少年委员会等管理与协调机构，以确保儿童权益在各个层面得到有效实施，进一步体现了其在儿童友好城市建设中的制度化和专业化水平。[②]

（二）参与主体多样

1996 年，联合国儿基会与联合国人居署携手联合发起了"儿童友好城市倡议"。该倡议的核心目标是汇聚地方政府和全社会的力量，共同打造一个既安全又包容，且能满足儿童各方面需求的城市与社区环境。自 2015 年起，国内关于儿童友好型社区的研究逐渐崭露头角，主要聚焦于三大领域：首先，学者们深入研究了全球多国对于儿童友好的支持政策，详细剖析了澳大利亚、美国、英国、德国、荷兰、瑞典等国家的儿童友好政策、项目以及儿童权益法律保障体系，为我国的儿童友好型社区建设提供了宝贵的国际经验；其次，学者们对国内外城市的儿童友好型社区建设实践进行了广泛的探索与比较，分析了深圳、上海、长沙、北京等城市的成功实践，并对其实施效果进行了评估，从而提炼出可供我国其他地区借鉴的宝贵经验；最后，在社区空间营造方面，学者们从

---

① 孟雪，李玲玲，付本臣. 国外儿童友好城市规划实践经验及启示[J]. 城市问题，2020（3）：95-103.

② 黄慧敏. 国外儿童友好城市建设的实践经验及启示[J]. 住宅与房地产，2021（23）：77-80.

儿童的行为心理特征以及城市儿童户外空间需求出发，提出了高质量儿童活动空间营造应遵循的系统化、激励性、多样性原则。他们强调，儿童公共游戏空间的营造应充分保障儿童的主体性与参与性，让儿童能够在愉悦、安全的环境中健康成长。

刘贝、邓凌云以问题为导向，基于儿童参与的理念，策划并执行了社区空间微更新项目。他们制订儿童参与规划的活动方案，旨在确保儿童的空间需求和利益得到充分考虑。在进行社区空间微更新时，儿童被整合进整个规划流程，创建了一个多方参与的平台，包括政府、儿童、社区成员和规划师等，共同参与社区空间的微改造。此外，他们还建立了一个长效的机制，以支持社区空间的持续微改造工作。[1]黄军林等在其研究报告中强调，在编制《长沙市国土空间总体规划（2021—2035 年）》的过程中，长沙市特别考虑了儿童的观点。该规划采取了认知地图、问卷调查、深度访谈以及儿童绘画等多种方法，积极促进了儿童对规划过程的参与。[2]郭潇雅详细阐释了上海市儿童医院所倡导的儿童友好理念及其实施情况。在设计泸定路院区之初，上海市儿童医院便采纳了"1 米视角"，即从儿童的视角出发，规划和设计专为儿童设置的设施，以满足他们的特殊需求。医院致力于为儿童提供充满情感、温度和人文关怀的高质量医疗保健服务。此外，通过创造多元化的"萌化环境"，使用生动的卡通形象，变换装饰材料，构建不同造型及设置儿童游戏空间等手段，营造出一个温馨且充满童趣的环境，真正实现了与儿童医疗事业发展的需求相适应。[3]姜兴贵指出，在城市规划和发展的进程中，广州市较早地开始重视并采纳儿童的意见。自 1996 年以来，广州市启动了"羊城小市长"活动，这标志着儿童参与城市建设的初步探索。截至 2023 年 5 月，广州市举办了庆祝"六一"国际儿童节的会议以及第十四届"羊城小市长"系列活动的总决赛。这一赛事吸引了来自全市 11 个区的 62.3 万名中小学生参与，活动邀请儿童从"公共服务"、"权利保障"、"成长环境"和"儿童参与"四个维度出发，为城市建设和发展提出建议，充分汇聚了少年儿童的智慧。[4]

---

① 刘贝,邓凌云. 儿童参与视角下的儿童友好型社区空间微更新[C]//中国城市规划学会,重庆市人民政府.活力城乡 美好人居——2019 中国城市规划年会论文集（20 住房与社区规划）. 长沙市自然资源和规划局规划编制处；长沙市规划勘测设计研究院,2019：9.

② 黄军林,李紫玥,曾钰洁,等. 面向"沟通行动"的长沙儿童友好规划方法与实践[J]. 规划师,2019（1）：77-81+87.

③ 宗振芬. 国外儿童友好城市建设的特色做法[J]. 群众,2021（8）：67-68.

④ 姜兴贵. 俯下身子建设儿童友好城市给孩子探求想象的空间[N]. 广东建设报,2023-06-02（4）.

李树文、袁泉强调，儿童不仅享有表达对自身事务看法的权利，而且具备相应的处理能力。在打造友好社区的过程中，儿童的积极贡献是不可忽视的。例如，印度的阿默特巴德市采取了赋权的视角，激励儿童通过参与、体验、变革和实际操作，将他们在课堂上学到的知识应用于改善个人事务。具体措施包括举办"禁止雇佣童工"的宣传活动和建立儿童游乐场所。丹麦的比隆和瑞典的斯德哥尔摩也鼓励儿童参与城市设计，通过游戏中的学习理念，经过初步调研、项目设计、讨论修正和工作坊等环节，激发儿童的创造性设计思维，并促进他们在社区建设中的主动参与。①孟雪、李玲玲、付本臣以 2016 年荷兰非政府组织伯纳德·范里尔基金会启动的"都市 95"行动计划为研究案例，详细探讨了国际社会在建设儿童友好城市方面的努力。该计划中的"95"象征着 3 岁儿童的平均身高——95 厘米，其核心理念是从儿童的视角出发，去体验和感知城市环境。该计划专注于为 5 岁及以下的儿童提供特别的关怀，并集中研究两个关键议题：首先是幼儿与照护者之间的互动，其次是照护者的福祉。其目的是确保儿童在成长的关键阶段能够得到充分的健康保障。②宗振芬详细阐述了日本及其他国家在打造儿童友好城市方面的独特实践。以日本二世谷町市为例，该市积极倡导儿童参与社区建设。自 2018 年起，日本儿童基金会选定五个自治体作为试点，依据各自治体的特定条件，采取了各具特色的策略，启动了儿童友好城市建设项目。二世谷町市特别制定了《社区营造基本条例》，明确指出"未满 20 岁的青少年及儿童享有参与与其年龄相符的社区营造活动的权利"。此外，该市还成立了面向中小学生的社区营造委员会，通过让儿童参与城市考察、问题讨论和提案汇总等方式，收集他们的意见，并从中挑选出有价值的提案予以实施。③

（三）空间设计改善

近年来，随着城市化进程的加快和社会对儿童权益的日益重视，"儿童友好"的空间改善实施逐渐成为城市规划和社区建设的重要议题。城市中的儿童作为社会的重要组成部分，其成长环境和生活质量直接关系到城市的未来发展

---

① 李树文，袁泉. 国外儿童友好社区建设经验对我国的借鉴[J]. 市场周刊，2019（6）：141-142.

② 孟雪，李玲玲，付本臣. 国外儿童友好城市规划实践经验及启示[J]. 城市问题，2020（3）：95-103.

③ 宗振芬. 国外儿童友好城市建设的特色做法[J]. 群众，2021（8）：67-68.

规划。因此，如何构建一个安全、健康、有趣的儿童友好型空间，不仅是对儿童权益的尊重，也是城市文明和可持续发展的重要体现。目前，国内外已有不少城市和社区在儿童友好的空间改善方面取得了显著成效。从中心城区的社区到国际大都市，从传统的社区公园到现代化的公共空间，都涌现出了一系列儿童友好的空间设计和改善案例。这些成功案例不仅为儿童提供了更加舒适、便捷、有趣的活动场所，也为城市规划和社区建设提供了新的思路和方向。

　　沈瑶等以长沙中心城区社区为调研对象，深入分析了新旧建筑共存的社区内儿童上下学路径的空间特点。该研究从儿童友好的视角出发，旨在通过优化道路空间规划设计策略，促进社区的有机更新和儿童日常生活的和谐融洽，这一研究不仅为城市更新提供了新的视角，也为儿童友好型社区的建设提供了实践指导。[1]施雯、黄春晓对我国的儿童友好型空间建设进行了研究。研究表明，我国儿童友好型空间建设实践主要聚焦于三个关键领域：开放空间、街道建设以及社区建设。具体案例包括上海翔殷路 491 弄的"大象乐园"项目与长沙万科魅力城。在上海翔殷路 491 弄的"大象乐园"项目中，通过取消停车位、增设出入口以及优化功能分区等手段，显著提升了邻里间的交流与互动效率。而在长沙 W 小区，通过分析儿童的活动轨迹，设计出了多层级的活动空间及友好的活动流线。其中，中央公园作为社区的核心绿色空间，为儿童提供了丰富的自发性游戏场所。[2]张晓鸣在研究上海市的慢行交通系统时指出，上海市遵循《上海市慢行交通规划设计导则》，对全市范围内的慢行交通系统进行了系统的规划和规范。其中，黄浦区百灵鸟幼儿园门前的彩虹色斑马线作为试点之一，其设计引人关注。该斑马线采用橙、黄、绿等多种颜色融合，不仅视觉效果显著，而且具有提示车辆减速让行的功能。对于儿童而言，该彩虹斑马线有助于培养其遵守交通规则的习惯，同时提供了审美的享受和学习体验。[3]

　　李树文、袁泉在研究中指出，在全球范围内，众多城市已获得儿童友好城市的认证。这些城市在机场、社区公园、学校、街道及公共场所等多个领域，构建了有利于儿童成长的城市空间。具体而言，各城市通过设立多样的儿童照护设施、游乐场所及兼具教育性的空间，为儿童营造了安全、有趣且富有教育

① 沈瑶，张丁雪花，李思，等. 城市更新视角下儿童放学路径空间研究——以长沙中心城区案例为基础[J]. 建筑学报，2015（9）：94-99.

② 施雯，黄春晓. 国内儿童友好空间研究及实践评述[J]. 上海城市规划，2021（5）：129-136.

③ 张晓鸣. 彩虹斑马线：画出暖心平安感[N]. 文汇报，2021-12-31（2）.

意义的成长环境。例如，新加坡、德国、荷兰等国家在机场设置了多样化的服务设施；瑞典、丹麦等国家在社区公园中增加了儿童游乐区域；美国将校园与社会空间相结合；英国、荷兰等国家优化了街道中的儿童出行路线；美国、澳大利亚等国家在公共场所注重提供寓教于乐的空间。[①]宗振芬详细梳理了国外在构建儿童友好城市过程中实施的一系列特殊措施。其中，美国丹佛市推行的"见学地景"项目特别引人注目。该项目在社区环境与公共服务设施的设计上，深入贯彻了儿童友好的理念，通过遍布各处的设施、建筑物、游乐场及自然景观等，为儿童打造了一个安全、便捷的游玩与学习环境。这种关注儿童需求的城市空间设计，不仅有助于儿童接触自然、增长知识，而且为城市的可持续发展注入了新的活力[②]。张承博对国内外儿童友好城市建设的进展进行了较全面的综述。文章指出，东京市通过实施宁静街道项目和城市游乐场建设项目，成功构建了社区级别的管控单元，为儿童的安全提供了有效的保障。与此同时，美国波哥大市推出了"危险点地图"计划，旨在优化身高95 cm以下儿童的公共空间体验。该计划通过社区评估分析潜在的危险点或路径，并重新规划街道设计和交通路网，以确保儿童在特色化的空间中能够更好地成长与发展。[③]

对儿童友好的研究，在理论层面上正日益倾向于跨学科视角的解读与分析。学者们从哲学、社会学、地理学、教育学等多个维度出发，全面而深入地探讨儿童友好的内涵与价值。而在实践层面，研究的重心则主要聚焦于儿童友好的空间规划实践上。实践中以儿童为核心，致力于从儿童的视角出发，规划和建设各类儿童友好型空间，如儿童友好城市、社区、医院等。鉴于当前国家和社会对儿童友好理念的广泛关注及所采取的各项措施，未来这一理念将在国家及社会的各个层面和部门持续且深入地推进。国家将引导家庭、学校、社会等多方主体共同参与，紧密结合时代发展和儿童成长需求的变化，努力为儿童打造一个更加适宜、更符合其身心发展规律的环境与条件。这一过程中，国家层面需提供统一的规划设计和方向指导，同时鼓励各地根据自身特点和区域优势，创造性地开展工作，共同推动儿童友好理念在全社会范围内的广泛实施。

---

① 李树文，袁泉. 国外儿童友好社区建设经验对我国的借鉴[J]. 市场周刊，2019（6）：141-142.

② 宗振芬. 国外儿童友好城市建设的特色做法[J]. 群众，2021（8）：67-68.

③ 张承博，刘思毅，朱查松. 儿童友好城市的国内研究进展与国外经验启示[J]. 中外建筑，2022（8）：86-92.

第二章

儿童友好视角下公共资源教育功能的理论溯源

第一节 儿童友好理念与公共资源的多维理论支撑

一、儿童中心论

儿童的心理发展在很大程度上呈现出以本能为核心要素的态势，像情绪、冲动、智慧等这些与生俱来的机能会持续不断地发展与生长。而教育所承载的重要目的，恰恰就在于推动上述这些本能的进一步生长，使其能够在儿童成长过程中得以充分展现与完善。以此为基础，约翰·杜威（John Dewey）提出了儿童中心论的观点，主张儿童乃是整个教育活动的起点，亦是整个教育活动的中心，并且是教育活动最终要达成的目的。儿童自身的发展态势、生长进程，便是教育所追寻的理想状态。要将以儿童为中心这一理念落实到具体的教育过程中，就对教师提出了相应的要求。教师需要充分考量儿童所具有的个性特征，要致力于让每一位学生都有机会去发展自身的特长。同时，必须尊重儿童在教育活动中所占据的主体地位，确保儿童能够在教育过程中充分发挥其主观能动性，以实现其自身更好的成长与发展。以儿童为中心体现在教育过程中，它要求教师应考虑儿童的个性特征，使每个儿童都能发展他们的特长，尊重儿童在教育活动中的主体地位。这一观点颠覆了传统教育中以教师、教材为中心的教学模式，将儿童置于教育的核心位置；强调教育应促进儿童本能的生长，教育措施必须围绕儿童来实施，倡导在教育教学活动中给予儿童个性特征充分的尊重。要确保每一位学生都能够有机会去发展自身所具备的特长，让他们的独特优势得以展现。同时，务必高度重视并尊重儿童在整个教育活动中所占据的主体地位，使他们能够充分发挥自身的主观能动性，从而在教育过程中实现更好的成长与发展。杜威的这一思想体现了他对儿童的深刻理解和尊重，也反映了他对教育目的和过程的独特见解。他提出的儿童中心主义观点对皮亚杰（Piaget）产生了很大影响。皮亚杰提出了儿童认知发展的四个阶段理论，强调儿童在认知过程中的主动性和建构性。这与杜威强调儿童在教育中的主体地位和本能生长的观点有相似之处，并在一定程度上可以看作是对杜威"儿童中心论"的进一步拓展。皮亚杰在研究中强调儿童的主动性和自我探索，这与杜威的"从做中学"的教学理论相呼应。

儿童中心论与儿童友好理念在实践与理论层面相互补充、互为支撑。儿童中心论为儿童友好理念提供了坚实的理论根基与指导原则，而儿童友好理念则是儿童中心论在现实生活中的具象展现与深化拓展。两者均聚焦于儿童的成长与发展，致力于构建出一个尊重儿童、保护儿童权益、促进儿童全面进步的社会氛围。儿童中心论强调对儿童个性的尊重、需求的关注及兴趣的培养，这与儿童友好理念不谋而合。《中国儿童发展纲要（2021—2030年）》明确提出，"坚持儿童优先原则，保障儿童在健康、安全、教育、福利、法律等领域权利的实现"，体现了对儿童需求的全面关注和尊重。在践行儿童友好理念的城市或社区中，儿童权益得到了充分尊重与保护，他们的声音与选择得到了倾听与尊重。儿童中心论主张教育教学活动应紧密围绕儿童展开，坚持儿童为本的教育导向，这与儿童友好教育实践相辅相成。在儿童友好的环境下，教育资源的分配与课程设计的安排均以儿童为中心，旨在推动儿童的全面发展。同时，儿童中心论倡导教育者积极营造有益于儿童成长的环境，这与儿童友好环境建设的目标高度一致。在推进儿童友好建设的城市或社区中，公共设施、交通环境、网络环境等方面均充分考虑了儿童的需求，为他们提供了友好、安全且便捷的成长条件。

二、友谊理论

"友谊"作为道德哲学领域的重要议题。从柏拉图（Plato）、亚里士多德（Aristotle），到西塞罗（Cicero），乃至中世纪的宗教哲学家，均对友谊问题进行了深入的探讨。在康德（Kant）的友谊理论中，友谊被赋予了理念性的内涵。康德认为，友谊不仅仅是一种基于日常交往或共同利益的简单关系，而是一种追求纯粹性和完善性的精神联结。他强调，最理想的友谊状态并非源自经验世界的直接映射，因为在这个充满复杂性和多变性的世界里，完全无瑕疵的友谊几乎是不存在的。这一观点在其《道德形而上学》等经典著作中得到了详尽阐述。康德指出，真正的友谊应当是一种理念性的存在，它超越了经验世界中那些受限于物质利益、社会地位乃至个人情绪波动的具体形态。他所构想的纯粹友谊，是两个人格之间基于共同的道德理念、深刻的相互理解和无条件的尊重与爱的结合。这种友谊不依赖于外在条件的满足，也不因时间的流逝或环境的变迁而轻易改变，它根植于人性中最崇高的部分——对他人作为独立、自由且拥有内在价值的存在的深刻认同。在现实中，我们通常难以完全实现这种理想状态的友谊，但它依然是我们追求和评判现实友谊的重要尺度。

在康德看来，友谊的完善性体现在它彻底摆脱了功利主义的束缚，成为一种纯粹的精神交流。在这种关系中，双方都将对方视为目的本身，而非实现个人目的的手段。这种尊重不仅体现在对对方思想、情感的接纳与珍视上，更在于对对方独特性和唯一性的深刻认识与保护。特别是在对待儿童时，康德的理论提醒我们，应当超越表面的照顾与满足，深入他们作为独立生命个体的内心世界，尊重他们的成长节奏、兴趣爱好及对未来生活的憧憬与追求。在儿童友好的环境中，儿童的需求和感受被重视，他们的声音被倾听，这体现了对儿童的一种深层次关怀。尽管康德认为纯粹的友谊在现实中不存在，但他提出的概念可以作为我们追求的方向。在儿童友好的实践中，我们努力创造一个对儿童纯粹友好的环境，不掺杂任何功利或利用的成分。《关于推进儿童友好城市建设的指导意见》中，明确提出"儿童友好是指为儿童成长发展提供适宜的条件、环境和服务，切实保障儿童的生存权、发展权、受保护权和参与权"，即体现了对儿童纯粹友好环境的追求。康德友谊理论中的意向的友谊强调，双方共同追求更高的理想或目标。在儿童友好的环境中，儿童和成人共同努力，为儿童的健康成长和全面发展创造更好的条件。

三、生态系统理论

生态系统理论由美国心理学家尤瑞·布朗芬布伦纳（Urie Bronfenbrenner）提出，是发展心理学中一个重要的个体发展模型。该理论强调发展个体嵌套于相互影响的一系列环境系统之中，这些系统包括微观系统、中间系统、外层系统和宏观系统。每一个系统都会与个体相互作用，共同影响个体的发展。生态系统理论的核心观点涵盖诸多方面内容。首先，人自出生起就拥有与周边环境及其他人互动的能力，人与环境的关系是互惠的，个人能够依照环境的具体情况做出相应调整，进而实现与环境的良好适配。其次，个人的行动通常带有特定目的，并且人类在发展进程中遵循着适者生存的法则。再次，个人所具有的意义是由其所处的环境赋予的，这就意味着若要全面、深入地理解一个人，就必须将其置于他所在的具体环境中去考量。最后，个人面临的问题从本质上讲是生活过程中产生的问题，所以，对个人问题的准确理解与判定，也务必要放在其赖以生存的环境背景下进行。该理论确实改变了发展学家思考儿童发展环境的方式。例如，在20世纪四五十年代，发展学家们往往会针对儿童成长环境中的某一个特定方面所起到的作用展开检验，并且会把儿童彼此之间所呈现出的全部差异，统统归结于环境在该方面所存在的差异。假如考察离婚这一环境因素对儿童的影响，那么儿童在认知方面、社会层面，乃至生理状况上表现出来的各种不同之处，都极有可能会被认为是受到离婚这一因素的影响。基于布朗芬布伦纳的理论，影响儿童发展的不同水平和类型的环境将可做进一步思考。

生态系统理论为理解儿童友好概念提供了重要的理论框架，儿童友好则是将这一理论应用于实践的重要体现。通过制定和实施儿童友好政策，可以确保儿童在多个环境系统层面得到充分的支持和关注，从而促进其全面、健康地发展。同时，儿童友好的实践也可以为生态系统理论的完善和发展提供实践经验和反馈。在微观系统层面，家庭和学校作为儿童成长的重要微观系统，需要为儿童提供足够的关爱、支持和资源，以满足其生理、心理和社会发展的需要。在中间系统层面，需要建立家庭与学校之间的良好关系，确保两者在儿童教育和发展方面能够相互支持、协作。在外层系统层面，父母的工作环境、社区的设施和资源等外层系统也需要考虑儿童的需求，确保它们不会对儿童产生负面影响。在宏观系统层面，社会应制定和实施有利于儿童发展的政策和法律，营造一个支持儿童发展的宏观环境。

四、发展情境论

围绕积极发展的关键性因素及作用机制，学界提出了一批具有代表性的积极发展理论，如心理弹性理论、发展资源理论、发展情境理论和关系发展系统理论。其中，发展情境理论极具代表性。该理论着重指出，要建立以及调整个体与自身所处情境之间的拟合优度模型，以此推动个体和其所处情境均能实现积极的发展态势。随着心理学领域相关理论体系的逐步构建，以及实践经验的不断积累，心理学工作者们也渐渐察觉到，在阐释个体发展情况时，仅仅依靠单一因素是存在明显局限性的。于是，他们开始将关注点转移到系统性因素之间的交互作用方面，期望通过对这些交互作用的深入探究，能够更为全面且准确地理解个体发展的内在机制。20世纪80年代，美国心理学家勒纳（Lerner R. M.）在已有理论的基础上综合个体因素、个体所处情境因素，以及发展终身持续性的基础上提出了发展情境论，该理论十分强调发展是个体因素与其所处情境交互作用的结果，并主张揭示影响因素与人的发展之间随时间形成的循环作用模式，旨在解释个体发展的复杂性和多样性。发展情境理论认为，个体的发展不是受单一因素的影响，而是由个体因素、情境因素及它们之间的交互作用共同决定的。情境是发展情境理论的核心概念，指的是影响个体发展的各种因素所构成的交互作用系统，这包括物理环境（如家庭和学校的地理位置、设施等）、社会成员（如家庭成员、同伴、教师等）及发展中的个体本身。

发展情境理论为儿童友好理念提供了坚实的理论支撑与明确的实践指导。在理论层面，发展情境理论强调为儿童提供适宜的环境和服务条件，确保儿童的生存权、发展权、受保护权和参与权得以实现，这与儿童友好理念的目标相一致，即创建一个对儿童成长发展有利的环境。在实践层面，发展情境理论强调环境对儿童发展的重要性。因此，在创建儿童友好环境时，需要关注物理环境和社会环境两个方面，为儿童提供安全、舒适、有趣的学习和生活空间。此外，发展情境理论亦强调个体与情境之间的交互作用。在推进儿童友好实践的过程中，应积极鼓励儿童参与环境创设及决策过程，使他们能够深刻体验到自身的价值与尊严。《关于推进儿童友好城市建设的指导意见》中强调"推动全社会践行儿童友好理念"，这包括鼓励儿童参与决策、提供适合儿童的教育资源和活动空间等。发展情境理论还认为，家庭、学校和社会是影响儿童发展的重要情境因素，体现了儿童和成人共同追求儿童全面发展的理想。因此，在推动儿童友好实践进程中，应强化家庭、学校与社会之间的协同合作，共同为儿童构建一个优质的发展环境，以使其健康、快乐地成长。

第二节　儿童友好视角下公共资源教育功能的核心理念

一、教育功能与公共服务

（一）教育功能的内涵及作用研究

教育功能是指教育活动和教育系统对个体发展和社会发展所产生的各种影响和作用。从作用的对象看，可以分为个体功能和社会功能。其中，个体功能是指教育作为培养人的相对独立的社会子系统，对个体发展的影响和作用，它在教育系统内部发生，由教育活动的内部结构决定，也称为教育的本体功能或固有功能；社会功能则是指教育作为一个复杂开放的社会子系统。教育的固有功能在社会结构中的衍生，也称为教育的衍生功能或派生功能。文化资源通过旅游这一具体活动对人们的观念、技能、思想意识、个性发展等产生积极的个体功能，并由此转化为教育对人口、经济、文化、政治等其他社会子系统的正向社会功能。

若从时间维度对教育功能的研究加以梳理，便能够察觉到有关教育功能的研究在取向方面历经了一系列的转变。起初，学者们的研究取向是从常识取向逐步过渡到思辨取向的，而后，又进一步由思辨取向迈向了社会学取向。就现阶段的情况而言，针对教育功能展开的诸多研究，大多都是从社会学的视角切入的，旨在剖析在多种因素共同影响下的教育功能的具体形态。学者们从仅仅局限于单一角度去思索教育功能，发展至将其放在整个社会发展的大背景下予以考量。而学者们围绕教育功能所开展的相关研究,主要聚焦在以下这些方面。

自我国开启改革开放进程以来,经济功能愈发凸显,逐渐构建起了教育功能的核心架构,进而引领着教育研究朝着更深入的方向不断探索。与此同时,主体性思想呈现出蓬勃发展之势,这股思想犹如一股强劲的动力,为价值哲学领域注入了前所未有的发展活力,促使学术界在对教育功能进行审视时,将目光聚焦在了两大核心维度上:教育如何促进个人发展,以及教育如何与社会进步相互关联。在此过程中,本体功能论与工具功能论的学术争鸣成为学界关注的焦点。前者秉承人本主义立场,强调教育应以人的全面发展为基点,凸显其育人本质;而后者则侧重于教育的社会效用,认为教育是实现社会目标的重要工具。另外,学术界不再满足于对教育功能的笼统阐述,转而深入探讨其功能形成、释放及可能遇到的阻滞机制。这一转变标志着教育功能研究迈向了更为精细与动态的新阶段。在此基础上有学者提出,教育功能可细分为个体功能与社会功能两大板块,前者涉及促进人的社会化与个性化的进程,后者则涵盖政治、经济、文化等多维度的社会影响。然而,对单一功能的过度追求虽能暂时满足特定时期的社会需求,却往往忽视了功能间的内在逻辑与平衡,限制了教育整体效用的最大化。教育的民生功能日益受到重视,越来越强调教育在改善民众生活、促进社会公平中的关键作用。

同时,教育功能研究亦不乏对功能失调现象的深刻剖析。一方面,教育功能泛化现象屡见不鲜,这种现象夸大了教育的综合作用,忽视了教育的本质与边界;另一方面,教育功能偏离现象亦不容忽视,教育实践难以精准对接复杂多变的社会环境,导致教育功能的实现受阻。瞿葆奎等学者指出,教育功能的实现受制于特定条件,包括教育环境、教育对象等多重因素,其展现具有选择性与局限性。

以往的诸多研究针对教育功能展开了广泛且深入的剖析,从教育功能主体层面、教育所包含的正向功能及负向功能等多个方面对教育功能进行了详尽的分析探讨。我们必须要清醒地认识到,无论教育功能在未来会朝着怎样的方向发展演变,教育从本质上来说是一种致力于培养人的活动,所以教育的主要功能始终在于推动人的全面发展,并促使人的价值得以实现。这一根本认识应成为指导教育实践、优化教育政策、深化教育研究的基石。

(二)公共服务与教育功能关系研究

目前,社会对教育资源的需求日益增长,但教育资源分配不均与利用不合理的问题仍然存在,这已成为制约教育质量提升的重要因素。公共资源作为教育发展的重要支撑，对于提供优质的教育服务具有重要意义。因此，研究公共资源与教育功能的关系，可以为优化资源配置、提升教育质量提供理论和实践支持，对于促进教育资源的均衡配置具有重要意义。自我国全面二孩政策实施以来，部分学者聚焦于新生儿医疗和小学教育资源等公共资源的适应性分析，通过人口预测和资源需求模型，预测了全面二孩政策对公共资源可能带来的压力，并呼吁政府加大对相关公共资源的投入和管理力度，以应对未来教育需求的增长。

涂咏梅以非成绩型教育质量为例，探讨了公共资源对家庭因素的教育质量效应。研究发现，公共资源的优化配置能够显著促进家庭因素的教育质量效应，进而促进学生的综合素质发展。这一发现为优化教育资源配置提供了新的视角和思路。[①]吕晋以南陵县为例，对教育公共资源服务体系的建设现状进行了全面剖析，通过对南陵县教育公共资源服务体系的调研和分析，发现目前南陵县的教育公共资源服务体系建设存在资源配置不均衡、服务水平不高等问题，并提出了加强服务体系建设的对策建议，以期提高教育公共资源的利用效率和服务质量。[②]茅锐、丁莉、春婷等对义务教育公共资源校际配置进行了深入研究，揭示了县域内义务教育公共资源分配的不均衡现象，指出 M 县城区小学教育设施设备分配的不均衡现象对学生的教育体验和学习环境造成了不利影响，并提出了通过提高公共资源配置的公平性和均衡性来改善教育资源不足问题的建议。[③]同时，有研究还从政策层面分析了现行政策对区域内义务教育公共资源校际间配置的影响，强调了政府监管和引导的重要性，以提高资源配置的公平性和效率性。

目前，国内外在公共服务与教育功能相互关系领域的研究还相对较少。然而，通过对前述文献的深入分析，笔者得以更加清晰地认识到公共服务与教育功能之间的紧密联系，这种联系对于优化教育资源配置、促进教育质量的全面提升具有重要的价值。这些研究不仅揭示了公共资源在教育领域中的核心作用，还具体提出了若干旨在改善资源配置现状的策略性建议，比如强化政府的监管力度与引导作用，以确保资源配置过程更加公平、高效。同时，相关研究还发现公共资源的合理配置能够显著促进家庭因素对教育质量的正面效应，为

---

① 涂咏梅. 公共资源如何影响家庭因素的教育质量效应——以非成绩型教育质量为例[J]. 财政监督，2013（10）：60-62.

② 吕晋. 南陵县教育公共资源服务体系建设现状探析[J]. 中外企业家，2016（26）：239.

③ 茅锐，丁莉，和春婷，等. 县域内义务教育公共资源校际配置研究——以 M 县城区小学教育设施设备的不均衡为切入点[J]. 教育导刊，2018（2）：20-24.

学生营造更加有利的学习环境。总的来说，深入探讨公共服务与教育功能之间的关系，不仅是对当前教育资源分配机制的一次深刻反思，更为未来教育政策制定与教育实践创新提供了宝贵的理论支撑与实践指导。因此，持续深化这一领域的研究，对于实现教育资源的优化配置、推动教育质量的持续提升具有极为重要的现实意义与深远的历史意义。

二、公共资源与教育发展

（一）公共资源的内涵研究

在学术与实用语境中，资源这一概念承载着丰富的内涵。《辞海》以其精练的语言将其定义为"生产资料或生活资料的来源"，而国外权威词典《韦氏新通用完整词典：全面修订和更新》则进一步拓展了其边界，将资源阐述为多重维度的支撑体系，既涵盖作为储备的供应来源，也涉及国家财富及生产方式的总和，具体可细化为物力、资金乃至可转化为资本的所有权等广泛范畴。简而言之，资源是限定于特定时间与空间框架下，支撑经济发展的不可或缺的生产要素集合（即资源集），这一集合既蕴含了物质层面的资金、资产，也深嵌了文化、制度等非物质维度的要素。

概括起来看，资源的本质属性在于其作为"生产或生活要素"的普遍价值，它跨越了自然与社会的界限，既包含自然赋予的宝藏，也囊括了人类智慧与劳动的结晶。这种要素集合既可以是触手可及的物质实体，也可以是抽象而强大的虚拟权力场。因此，可以将资源全面理解为：自然界与人类社会共同孕育或创造的，一切能够驱动社会结构发展、兼具有形与无形特性的生产要素总和。在这一宏大的资源体系中，公共资源作为资源的子域，其范畴相对特定而明确。依据所有权的不同，资源被区分为私有与公共两大类别；按属性划分，则分为自然与社会两类资源；若以形态为标准，又可细分为物质与非物质资源。公共资源正是这一细致分类下的重要组成，它特指那些由社会成员共同享有、用于满足公共需求或实现公共利益的资源集合，这一界定不仅凸显了公共资源在社会经济发展中的独特地位，也为其后续的研究与管理提供了清晰的框架与方向。

1. 不同专业领域对公共资源的内涵的界定

在探讨公共资源的内涵时，国内外学者从多个维度进行了深入解读，形成了丰富而多元的理解框架。这些视角不仅揭示了公共资源的多重属性，也为其优化配置与治理提供了理论依据。

从经济学的视角看，经济学界普遍认为资源稀缺性是经济学研究的基石，而公共资源的优化配置则是核心议题之一。哈丁（Hardin）在《公地悲剧》中首次明确提出，能够被所有成员共同使用的资源，如自然环境资源（水、空气、土地、海洋、林业等）均可视为公共资源。埃莉诺·奥斯特罗姆（Elinor Ostrom）则进一步细化了这一概念，将公共池塘资源界定为需集体管理但资源单位可分别享用的特殊公共资源，强调了小规模集体管理的重要性。巴泽尔（Barzel）则从价值属性和产权界定成本两个维度探讨了公共资源的范围。部分学者将公共资源视为一种特殊资产。刘尚希指出，公共资源涵盖了国家与集体所有的各类资产，不仅限于自然资源，还包括经营型、非经营型及国有金融资产。[1]陈鹏辉则提出，公共资源是满足生产生活需要的虚拟资产，涵盖了有形与无形资产。[2]此外，韩方彦等学者从经济属性出发，揭示了公共资源的外部性、产权结构、公共产品特性、供需关系及市场失灵等关键特征，并强调了制度在公共资源治理中的关键作用。[3]

法学领域则侧重于从产权角度界定公共资源。产权作为经济所有制关系的法律体现，涵盖了所有权、使用权、占有权、支配权、收益权等多项权利。楼惠新、王黎明指出，公共资源虽为全体成员共有，但其经营权与所有权可适度分离。判定公共资源可以从以下五个方面着手：一是公共资源的公共性特征，它的所有权为全体成员共同所有，个人无权占为私有；二是公共资源的整体性特征，它不可以肆意分割；三是公共资源所蕴含价值的社会性特征，它能够使全体社会成员受益；四是公共资源本身也具有外部性特征；五是公共资源的非排他性特征，它并不能排斥他人对公共资源的享用。[4]蔡小慎、刘存亮及马壮昌进一步拓展了公共资源的范畴，将其定义为涵盖政府采购、国有产权交易、自然资源使用权等多方面的经济资源。[5][6]

公共管理学界则多从公共物品或公共产品的角度界定公共资源，强调其公

---

① 刘尚希，樊轶侠. 公共资源收益形成与分配机制研究[J]. 财政经济评论，2014（2）：1-22.

② 陈鹏辉，何杰峰. 公共资源出让的根基性问题探讨[J]. 商业时代，2013（35）：112-113.

③ 韩方彦. 公共资源的经济属性分析[J]. 理论月刊，2009（3）：74-77.

④ 楼惠新，王黎明. 论公共资源开发中的参与式管理问题[J]. 中国农业资源与区划，2002（5）：39-42.

⑤ 蔡小慎，刘存亮. 公共资源交易领域利益冲突及防治[J]. 学术界，2012（3）：47-54.

⑥ 马壮昌. 建立统一规范的公共资源交易市场[J]. 价格理论与实践，2011（6）：20-21.

共性。杨红伟基于私人物品与公共物品的区分认为，公共资源是具有非完全排他性的社会和自然物品，能提升人类福祉。①唐兵则指出，公共资源的非排他性特征易导致过度消费。此外，就公共资源本身而言，其存量具有一定的限度，而过度的消费超过公共资源本身的限度，也必然使公共资源陷入公地悲剧的恶果，从而造成无法挽回的损失。②屈锡华、陈芳则区分了公共资源与公共产品的细微差别，认为公共资源与公共产品既有相同的一面，也有不同的一面。二者的相同之处是都具有不可分割的效用和非排他的收益；二者的区别在于公共产品的消费具有非竞争性的特征，例如义务教育、国防、基础设施等，而公共资源的消费具有一定程度的竞争性，成员在共同消费公共资源的过程中会出现相互竞争，一方的多消耗往往会使其他成员的效用降低，例如水资源、生活能源等。③

2. 各级政策文本对公共资源的相关界定

在实践操作中，通过查阅国家层面及各省、市的地方性政策文件可以发现目前关于公共资源的内涵界定尚未形成统一标准。这一现状突显了定义上的多样性与复杂性。

早在 2003 年，《中华人民共和国行政许可法》由第十届全国人民代表大会常务委员会第四次会议通过，其第十二条第二项虽提及公共资源，并列举了有限自然资源开发利用、公共资源配置等需赋予特定权利的事项，但该法并未直接且明确地界定公共资源的具体范畴，而是将其作为与自然资源、特定行业市场准入相并列的资源项目使用。

各地方政府也相继推出实施措施与管理规定，试图为公共资源划定清晰边界。例如，福建省纪委监察厅于 2007 年 7 月发布的《关于进一步规范公共资源市场化配置工作的若干意见》中，将公共资源界定为"属于社会的公有公用的生产或生活资料的来源"，具体涵盖社会资源、自然资源和行政资源三大类，并对每类资源进行了细致说明：社会资源主要是指公用事业领域具有基础性、先导性、公用性的资源，如供水、供气、供热、公共交通、污水或垃圾处理等

---

① 杨红伟. 代理悖论与多元共治：传统公共资源管理的缺陷及矫正机制[J]. 经济研究导刊，2014（32）：286-288.

② 唐兵. 论公共资源网络治理中的信任机制[J]. 理论导刊，2011（1）：49-51.

③ 屈锡华，陈芳. 从水资源短缺看政府对公共资源的管理[J]. 中国行政管理，2004（12）：12-13.

行业的特许经营权等；自然资源主要是指土地、矿藏、水流、森林、山岭、荒地、海域、滩涂等，如经营性土地使用权、采矿权等；行政资源主要是指政府依法履行经济调节、市场监管、社会管理和公共服务职能所形成及衍生的资源，如户外广告设置权、公交线路经营权和网吧经营权等。2013年3月，安徽省通过的地方标准《合肥市公共资源交易管理条例》中则强调公共资源的公有性和公益性，指出其为国家机关、事业单位及被授权组织所有或管理的资源，进一步明确了公共资源为政府或其所属单位及授权部门拥有、控制或管理的具有经营性、垄断性或特许经营性的资源。此外，厦门市2011年1月通过的《厦门经济特区公共资源市场配置监管条例》与宁波市2007年10月颁布的中共宁波市委、宁波市人民政府《关于推进公共资源市场化配置的意见》也分别从各自的实际情况出发，对公共资源进行了界定，突出了资源的专用性、公益性及社会公用性等特性，涵盖了自然资源、公共资源管理部门资产、政府采购项目、公共设施经营权等多个方面。

3. 公共资源概念的研究评述

深入分析学术与实践领域对公共资源概念的界定后，可以清晰地总结出其核心特征：公共资源在所有权上明确归属于国家与社会，展现出显著的公共性；其范畴广泛，涵盖有形资源如自然资源、社会资源，以及无形且具有衍生性的资源如行政资源等。依据利用属性，公共资源分为原生性（如空气、国防等具有非竞争性与非排他性的资源）和可交易公共资源（可用于转让、经营操作的部分资源）。在实践领域，各地法律法规文件常将"公共资源"等同于"可交易公共资源"，以强调其在市场化配置中的重要性。

基于以上已有研究成果，笔者认为公共资源是指国家与社会共享，且由公共部门代为治理或者提供的涉及公共利益与社会利益的生产要素集合。原生性公共资源主要聚焦于自然资源在维护公共利益和社会利益方面所起的作用。相比之下，衍生性公共资源则更多地强调公共部门在执行公共管理职能时，所提供的公共服务、公共物品以及准公共物品的重要性。这一划分不仅丰富了公共资源的内涵，也揭示了其在公共行政研究与实践中的核心地位。

公共资源的治理与分配，不仅是公共行政研究的核心议题，也是理论范式转换与实践演化的关键所在。其终极目标在于探索高效治理模式，以促进国家与社会成员的公共福祉最大化。在此过程中，社会公共资源的分配方式及其结果，对社会的整体运行与发展具有深远影响。资源分配的不平等可能导致社会机会的不均，加剧社会不公；而过度的个体成功，若未能得到有效平衡，亦可能侵蚀社会公正。此外，社会资源的分配与经济发展紧密相连，资源分配的不公往往成为制约经济增长速度的重要因素之一。以部分发展中国家为例，其经济增长的迟缓，部分归因于资源分配不公所引发的社会不稳定问题。因此，优化公共资源分配机制，实现资源的高效、公平配置，对于促进社会公正与经济发展具有不可估量的价值。

（二）公共资源治理模式的研究现状

通过梳理已有学者的研究成果可以发现，尽管在公共资源合作治理这一细分领域内的专项研究尚显稀缺，但公共资源治理及更广泛意义上的资源治理领域，在国内外均已积累了相当丰富的学术成果，且呈现出逐年增强的趋势。因此，为了更深入地探索公共资源合作治理机制，我们迫切需要全面且系统地整理与归纳国内外在公共资源治理领域的最新研究成果。鉴于公共资源治理领域的研究主题高度聚焦而研究视角却极为多样，所以笔者主要从宏观层面出发，对国内外在该领域的研究进展进行归纳与评述。

1. 宏观层面的公共资源治理模式

从宏观层面观察可以发现，国内外学术界针对公共资源治理所开展的研究，其关注的重点主要集中在对治理主体的 "身份" 进行剖析，以及探究在不同治理主体引领下所呈现出的治理模式的丰富多样。基于此，公共资源治理大体上可被简要概括为四种模式：一是私有化治理模式，即通过特定方式将公共资源的治理权等相关权益交由私人主体来负责实施治理；二是政府直接治理模式，由政府部门直接介入并承担起公共资源治理的各项工作；三是自主治理模式，主要依靠公共资源相关利益群体自身的力量来开展自主化的治理活动；四是混合治理模式，也就是综合运用多种治理主体的力量或者多种治理方式，对公共资源进行协同治理。

私有化治理模式的显著特征是强调市场作为资源配置核心力量的主导地位，其理论基石根植于新制度经济学中的交易成本与产权理论。交易成本的概念，最初由科斯（Coase）提出，他指出："利用价格机制是有成本的。市场上发生的每一笔交易的谈判和签约费用也必须考虑在内。"随后，肯尼思·阿罗（Arrow）将交易成本定义为"利用经济制度的成本"；威廉姆森（Williamson）则以物理学中的"摩擦力"作喻，形象地描绘了交易成本的存在。产权理论在此基础上进一步延伸，认为明确的产权界定是减少治理成本、避免外部性的有效途径。登姆塞茨（Demsetz）强调："能够引导实现外部性内在化的激励是产权的一个重要功能。"他进一步指出，私有化因具备排他性特征，在资源使用上展现出更高的经济效率，且内在化往往通过私有化实现。张五常在《私有产权与分成租佃》中亦指出，当土地为可市场化的私有产权时，市场竞争机制将自然催生有效合约，具有可转让性和排他性的产权确保了资源配置的高效性。因而，私有化治理模式的核心要义在于，通过清晰界定私有产权，充分借助市场机制的作用，以此来达成公共资源治理方面的帕累托最优状态。在这一模式下，明确私有产权能够为市场机制的有效运作提供必要前提，使得资源配置可以依据市场规律进行灵活调整，进而促使公共资源在治理过程中实现整体效益的最大化提升，达到帕累托最优这一理想的资源配置效果。

与私有化治理模式相比，政府直接治理模式则突显政府在治理过程中的主导作用，其权力基础与合法强制力是此模式有效运作的基石，其思想根源可追溯至霍布斯（Hobbes）在欧洲启蒙运动时期对国家理论的阐述，即国家通过契约赋予其治理权，以维护和平与共同防卫。在 20 世纪三四十年代，凯恩斯（Keynes）提出的政府干预理论为政府直接配置公共资源提供了实践依据，他主张通过积极的国家干预来弥补市场失灵。新中国成立初期，计划经济体制下的公共资源治理便是典型的政府直接治理模式，通过行政指令配置资源，体现了社会主义公有制的优越性。我国经济学家吴敬琏等认为："这种由国家行政指令配置资源的方式主要依靠预先制定的编制计划来执行，该配置方式是否有效关键在于通过主观编制的计划与客观现实是否一致。"

自主治理模式的提出，得益于埃莉诺·奥斯特罗姆（Ostrom）[1]对公共池塘资源治理的深入研究。她反驳了传统"公地悲剧"等悲观论断，提出"多中心"治理理念，认为小规模公共资源的占用者能够通过自主组织实现有效治理，并总结了长期存续的公共池塘资源治理的八大设计原则，即"清晰界定边界，占用和供应规则与当地条件相一致，集体选择的安排，监督，分级制裁，冲突解决机制，对组织权的最低限度的认可，嵌套式企业。"张振华等学者进一步探讨了该模式的局限性与我国的适用性，指出其更适用于小型或可再生公共资源，并提出在土地资源利用等领域赋予农民更多自主权的建议。[2]朱宪辰、李玉连则强调制度供给在共享资源自主治理中的重要性，认为正式制度与非正式

① Ostrom E. Governing the Commons: The evolution of institutions for collective action[M]. Cambridge: Cambridge University Press，1990.

② 张振华. 集体选择的困境及其在公共池塘资源治理中的克服——印第安纳学派的多中心自主治理理论述评[J]. 行政论坛，2010（2）：25-29.

规范的结合是促进合作行为的关键。①

网络化治理模式，作为一种综合性的公共资源治理范式，其核心特质在于倡导多主体共同参与治理过程，通过整合各治理主体的功能与优势，实现资源的优化配置与效能最大化。正如斯蒂芬·戈德史密斯（Stephen Goldsmith）与威廉·D. 埃格斯（William D. Eggers）在 2004 年深刻阐述道："网络化治理是政府管理的新形态，它代表了四种发展趋势（第三方政府、协同政府、数字化革命、公民选择），把协同政府的网络管理能力与第三方政府的公私合作特质相结合，同时依靠数字化技术使其连接起来，进而赋予公民在各种服务运行方案中拥有多种选择权利。"R. 帕特里克·比克斯勒（R. Patrick Bixler）与达拉·M. 沃尔德（Dara M. Wald）等学者在 2016 年的研究中进一步指出："网络化治理提供了一种新的管理方式，它能超越单一的机构、组织和范畴，让资源管理人员与其他相关人员共同从事资源治理。"这一模式不仅拓宽了治理的边界，也增强了治理的灵活性与适应性。奥拉-欧恩·普查伦（Ora-orn Poocharoen）与本杰明·K. 索瓦库尔（Benjamin K. Sovacool）在 2012 年评估网络治理在公共资源治理中的实际效果时，提出了五个关键性的评价标准："第一，成员间角色与目标的清晰界定；第二，有独立且稳定的资金来源；第三，有正式而有效的机构设置；第四，有强大的执行能力；第五，成员间高度的相互依赖与协作。"这些标准为衡量网络治理的有效性提供了坚实的框架。

唐兵同样强调，公共资源网络治理是应对公共资源挑战的新途径，其成功关键在于多元化治理主体间信息、资源、权力与组织的深度融合与高效整合。②蒋永甫则进一步指出，在网络化治理模式下，公共部门的职责已超越单纯的资源利用与公共服务提供，转而聚焦于通过资源整合创造公共价值，并明确了权力、协商与交易作为资源配置的三大核心机制。③针对我国国情，马捷与锁利铭提出了构建起行政性网络与领导性网络二者并重的双重治理结构策略，其主要目的：从横向维度来讲，能够为新兴治理主体给予行政规则方面的有力支撑；从纵向角度来讲，可通过对传统层级结构进行精简处理，推动公共服务及公共物品达成更为优化的配置状态。如此一来，借助这种双重治理结构策略，在横

---

① 朱宪辰，李玉连. 异质性与共享资源的自发治理——关于群体性合作的现实路径研究[J]. 经济评论，2006（6）：17-23.

② 唐兵. 公共资源网络治理中的整合机制研究[J]. 中共福建省委党校学报，2013（8）：13-17.

③ 蒋永甫. 网络化治理：一种资源依赖的视角[J]. 学习论坛，2012（8）：51-56.

向上保障新型治理主体依规行事，在纵向上提升公共资源分配的合理性与高效性，进而全方位促进公共服务和公共物品在供给与分配上的优质化与科学化。这一创新思路为网络化治理模式在我国的本土化实践提供了宝贵的理论指导。①

2. 公共资源治理模式的研究述评

基于国内外学者对公共资源治理领域的文献数理统计与宏观分析，可以清晰地观察到学术界对这一议题的关注度正逐年攀升，彰显出其作为政府实践重要领域的迫切性与现实价值。当前，公共资源治理已成为跨越国界、备受瞩目的研究课题。从宏观维度出发，学界普遍将公共资源治理模式归纳为四大类：私有化治理模式、政府直接治理模式、自主治理模式及网络化治理模式。这四种模式不仅各自独立，各具特色，更是相互交织，共同勾勒出现代公共资源治理实践的多元图景。

在对公共资源治理模式的差异展开探讨之际，其关键所在便是剖析政府、市场及社会这三大治理主体相互之间在力量上的博弈情况，还有各自所承担的角色定位问题。私有化治理模式基于公共资源的私有化产权理念，倾向于市场的绝对主导地位，几乎摒弃了政府的直接干预，坚信市场能够最优地配置资源。与之相反，政府直接治理模式走的是全然不同的路子。该模式排斥市场在公共资源配置中的作用，依靠政府自身所具备的权威及下达的行政指令，直接着手对公共资源展开管理。可以说，这是公共资源治理策略在另一个方向上的极端呈现形式。而自主治理模式则开拓出了一条与众不同的路径。它突破了政府与市场所构成的传统框架的限制，大力倡导公共资源的利益相关者们自行组织起来，并进行自我管理。其目的在于借助自治机制去有效克服公地悲剧，以及在集体选择过程中所出现的非理性倾向，具有高度的自主性与灵活性特点。

网络化治理模式是上述模式的集大成者，它巧妙地将政府、市场与社会三大治理主体融合在一起，通过功能互补与资源整合，实现公共资源治理的高效协同与综合优化。从联系的角度来看，尽管这四种治理模式在表现形式、运作机制及侧重点上各有千秋，但它们在本质上却存在着深刻的相通性。它们都是不同历史时期政府治理理念与实践的产物，共同反映了人类对公共资源稀缺性及其有效配置的深刻认识与不懈追求。在当代中国，面对公共资源治理的复杂

---

① 马捷，锁利铭. 区域水资源共享冲突的网络治理模式创新[J]. 公共管理学报，2010（2）：107-114.

挑战，政府部门如何科学地平衡政府、市场与社会的关系，探索出既合理又公平、既高效又可持续的公共资源配置路径，无疑是一个亟待解决且意义重大的命题。

三、儿童友好与公共资源

（一）城市公共资源与儿童友好型公共服务体系的研究

在构建现代化城市的进程中，一个全面且高效的公共服务体系不仅是城市功能完善的重要标志，也是国家维护儿童权益、促进其全面发展的基石。从快速城市化的填空式供给，到当前国家层面对普惠性、基础性及兜底性民生建设的高度重视，我国城市公共服务体系正步入一个补短板、促均衡的新阶段。这一转变旨在确保不同年龄层、社会阶层的居民，尤其是儿童群体，在享受公共服务时能够实现机会均等、空间可达性增强及服务质量提升，真正实现基本公共服务的公平与共享。

儿童作为城市的未来与希望，其健康成长离不开儿童友好的公共服务环境。这要求我们在城市规划与建设中，必须打破"隐形沉默者"的困境，以儿童为中心，从"1米高度"的视角出发，细致考量并优先满足儿童的生存与发展需求。通过扩大托育、基础教育、卫生健康、文化体育等关键领域的服务供给，不仅为儿童提供了公平、便捷、安全的成长环境，更是为他们的终身发展奠定了坚实的基础。进一步而言，儿童友好的公共服务体系是人力资本积累的关键路径。有研究指出，人力资本的投资回报率随着年龄的增长而递减，儿童早期投资回报率高达 1：7，儿童时期是投资回报率最高的阶段。对儿童健康、教育及综合素质的早期投入，能够最大化地促进人力资本的形成与积累，为国家的长远发展注入不竭动力。这种投资不仅关乎个人潜能的挖掘与实现，更是国家竞争力提升与可持续发展的根本所在。构建儿童友好的公共服务体系，不仅是提升城市品质、增强人民群众获得感与幸福感的必然要求，也是构建和谐社会的应有之义。优质的公共服务能够直接提升居民的生活质量，吸引并留住人才，激发社会各界参与城市建设的热情与创造力。当儿童在更加友好、安全、健康的环境中茁壮成长，整个社会的福祉也将随之提升，从而形成良性循环，共同推动城市向着更加繁荣、和谐、可持续的方向发展。

（二）儿童友好城市建设需求与建设愿景的深化探索

在社会变革与城市化进程迅猛发展的背景下，城市环境对儿童成长轨迹的塑造作用愈发突显。儿童，作为国家和民族未来的承载者，其全面健康成长与优质生活环境的营造，已成为社会各界共同瞩目的核心议题。然而，城市化进程中的环境变迁与生活模式转型，也对儿童成长体验带来了复杂而深远的影响。在此背景下，儿童友好城市的理念应运而生，旨在构建一个充分满足儿童成长需求，提供适宜条件、环境和服务的城市环境，从而切实保障儿童的权益和福祉。这一理念不仅在全球范围内赢得了广泛共鸣，更在联合国儿童基金会等国际组织的推动下，以及众多国家与城市的积极实践中得以体现。

建设儿童友好城市是对现代城市发展理念的一次深刻革新。在生态文明建设的号角下，以人民为中心的发展思想引领着城市规划的转型，治理能力现代化的追求促使我们重新审视城市发展的本质。公园城市新理念的兴起，更是为儿童友好城市建设提供了广阔的舞台。将儿童利益置于城市规划的核心位置，以儿童友好为引领，打造美丽宜居的公园城市，不仅彰显了城市对全体居民的人文关怀，更以其独特的魅力吸引着人才的汇聚，为家长陪伴孩子成长解除了后顾之忧。在超大城市的治理体系中，儿童友好城市建设正逐步构建起覆盖城市与社区、面向儿童及其家庭的全方位服务体系，实现了儿童友好理念与城市发展的深度融合与相互促进。

《中国儿童发展纲要（2021—2030 年）》的发布，为我国儿童友好城市建设注入了新的动力与指明了新的方向。其中，落实立德树人根本任务的提出，彰显了国家对儿童思想道德素质提升的高度重视。其在儿童与教育领域，强调了德智体美劳全面发展的教育理念，旨在培养未来社会的建设者与接班人；在儿童与家庭领域，则强调了家庭作为儿童品德教育第一课堂的重要作用，倡导通过良好家风的传承与弘扬，引导儿童树立正确的价值观与世界观；在儿童与环境领域则积极探索利用现代媒介手段，创新儿童思想道德教育的方式方法，提升儿童的媒介素养与自我保护能力。

为确保我国儿童事业的蓬勃发展，必须坚定不移地坚持党对儿童工作的全面领导，将党的领导贯穿于儿童事业发展的每一个环节与方面。通过广泛宣传儿童相关政策与方针，提高全社会对儿童问题的关注与认识。同时，不断完善促进儿童优先发展的工作协调机制，确保党中央关于儿童工作的决策部署得到有效贯彻落实。从推动的具体情况来看，以成都市为例，成都市委、市政府高度重视儿童工作，积极响应国家号召，将儿童发展纳入总体布局之中，以实际行动践行儿童优先原则，为儿童健康成长营造更加有利的社会环境。此外，成都市还积极贯彻《中国儿童发展纲要（2021—2030 年）》等国家关于儿童工作的规划文件，落实各项发展目标任务，确保儿童优先原则得到有效贯彻；在处理儿童事务时，优先考虑儿童需要，体现儿童视角，确保儿童最大利益得到充分保障。

第三章

儿童友好城市中公共资源的教育功能实现

第一节　深圳：创新制度标准，做好儿童友好城市规划

一、深圳市儿童友好城市建设背景

深圳市是一个伴随改革开放而崛起的城市，流动人口数量很多，庞大的流动人口引起了城市中处于弱势的流动儿童权益保障问题。深圳市的未来发展方向是由经济成功迈向人的成功，即意味着城市已进入不断集聚和吸引人才的新经济建设阶段。因此对儿童友好就是对人才友好，也是推动深圳建设先行示范区的重要途径。

深圳市在建设儿童友好城市方面具有与其他城市不同的四大优势：一是具有极强的包容性，二是具有较强的经济实力，三是具有极强的开拓创新精神，四是基层组织治理经验丰富。[1]在此基础上，结合深圳市社会治理的特殊性，如何解决流动儿童面临的现实问题，以及如何让下一代获得更高质量的发展从而延续这个城市的繁荣样态，都是需要深入思考的问题。2015年，深圳成为全国首个提出系统性建设儿童友好城市目标的城市。2016年，这一目标被正式纳入深圳市委全会报告及《深圳市国民经济和社会发展第十三个五年规划纲要》，开启了国内建设儿童友好城市的探索历程。

二、制度创新引领：凝练儿童友好城市发展新规划

深圳市作为国内首个提出全面建设儿童友好城市目标的城市，面对城市规划忽视儿童视角的问题，率先探索出了一条以规划为支持、政府主导推进的革新路径，构建"战略规划—行动计划—试点项目—建设指引"的传导机制，覆盖了从宏观规划到微观执行的各个层面，形成了一套完整的实施框架，以确保儿童友好城市理念的有效实施和深化。

（一）战略定调，确立友好共识与建设领域

深圳市妇女儿童工作委员会于 2018 年出台了全国首部地方性建设儿童友好城市行动纲领文件《深圳市建设儿童友好型城市战略规划（2018—2035年）》

---

[1] 白玮. 中国特色儿童友好型城市建设经验与启示——以深圳市为例[J]. 社会福利（理论版），2020（8）：51-54.

（简称《战略规划》），开拓性地探索了本土化、系统性的儿童友好城市建设路径，并提出"建立安全、公平、符合儿童需求、适应深圳市城市未来发展目标、具有全球城市人本特征的儿童友好城市"的总目标和"建立完善的适度普惠型儿童社会保障制度、建立儿童参与的长效机制、拓展与建设儿童友好城市空间"三大策略体系。

《战略规划》以"人-社会-空间"为主线，聚焦儿童对美好生活的需求，整合儿童参与和保障体系，探索儿童游憩、出行等空间要素的创新发展，对改善城市治理，建设社会主义现代化先行区具有深远意义。文件中提出"提升全社会对儿童权利的认知水平，建立完善的适度普惠型儿童社会保障制度，建立儿童参与的长效机制，拓展与建设儿童友好城市空间"四个主要目标，明确了深圳市建设儿童友好城市的主要工作领域和实施机制，也是各区编制和实施儿童友好型城区、街区、社区规划的基础依据。借助这一战略规划，深圳市致力于凝聚社会各界的共识，清晰界定儿童友好城市建设的核心领域，为政府各部门在城市建设中提供共同遵循的纲领指南。

（二）行动导向，明确工作重点与组织方式

2018年至2020年，深圳市迎来社会主义现代化先行区建设的关键时期，也是推动儿童友好城市建设的发展机遇期。为落实《深圳市建设儿童友好型城市战略规划（2018—2035年）》和《深圳市儿童发展规划（2011—2020年）》的目标任务，深圳市结合市、区和各部门"十三五"规划、重点项目和年度计划，特制定《深圳市建设儿童友好型城市行动计划（2018—2020年）》，提出从"保安全、促参与、拓空间、强保障"四个层面出发，明确六大类行动项目库及相应项目类型、实施主体和时间要求。

2021年，根据市委、市政府的总体部署，深圳市妇儿工委会发布了《深圳市建设儿童友好型城市行动计划（2021—2025年）》，该计划为"十四五"期间深圳市建设儿童友好城市提供了明确的方法路径、具体任务和目标要求；提出儿童友好制度深化、儿童友好空间拓展、儿童友好服务提升及儿童友好参与共建四大行动，包括12类55个具体项目，涵盖健康、教育、安全保护、福利、家庭、环境等多个领域，为每个项目确定了牵头单位和参与单位，并落实了建设单位主体责任。经过连续两轮的行动计划部署，深圳市先后实施了六大行动50个项目及四大行动55个项目，打造了更多具有全国普适性和推广性的先行示范样板和成功经验，为"十四五"期间国家实施的"100个儿童友好城市示范"项目提供深圳的创新思路和宝贵经验。深圳市各区、街道及企业也积极行动，纷纷结合自身情况制订实施计划，共同推动儿童友好城市的建设发展，让儿童友好在各个领域全面铺开。

（三）试点先行，探索适合本地的实施路径

深圳市将儿童友好空间作为建设儿童友好城市的切入点和突破口，选取与儿童生活息息相关的公共空间和场地设施进行适儿化改造。2017 年，通过选取医院、学校、社区、图书馆、出行系统、母婴室、街道共七大领域作为儿童友好空间建设试点，并按照边建设、边研究、边实践、边总结的方式，探索建立起较为完善的儿童友好长效机制。在"强区放权"的背景下，深圳市各区也结合本区儿童发展特征及行动计划要求提出具体行动方案。如宝安区开展实施《宝安区妇女儿童友好型城区行动计划（2018—2020 年）》，立足妇女儿童优先的区位优势、发展基础和资源禀赋，围绕建设湾区核心、智创高地、共享家园的定位，率先在全市提出创建新时代妇女儿童友好型城区的奋斗目标。经过两年实践，试点区域成功实现转型升级，为全市建设儿童友好型空间提供了宝贵经验。

从局部试点到全面推广，从单一区域向多个区域拓展，从个别试点项目到多条发展线索的交织，儿童友好的理念逐渐在深圳市全域范围内生根发芽。从区域发展来看，深圳市于 2016 年首次提出这一倡议，相关报道主要聚焦于福田区的实践探索。随着重视程度的日益提升，越来越多的区域加入到这一实践行列中来。在公共服务领域，自 2017 年起，深圳市的学校、医院、图书馆及社区便作为首批试点单位率先开启探索。随后几年，这一探索行动获得了更多公共服务机构的积极响应与参与，各类公园、企业及园区等也纷纷投身其中。社会各界的众多主体在实践中深刻体会到了儿童友好的价值所在，儿童友好的理念因此得以更加深入地融入相关工作中，并在借鉴试点成功经验的基础上，主动开展工作，实现了从理念到行动的深度嵌入。

（四）建设指引，明晰儿童友好空间发展导向

深圳市积极动员各区域、各部门及社会各界参与，开展一系列针对性较强的建设儿童友好城市需求的专题调研。基于调研结果，选取儿童日常生活密切相关的社区、学校、图书馆、医院、公园、交通等九大领域作为试点，以推动儿童友好城市的建设工作。2019 年，深圳市先后发布中英文版《深圳市儿童友好型社区、学校、图书馆、医院、公园建设指引（试行）》《深圳市儿童友好出行系统建设指引（试行）》《深圳市母婴室建设标准指引（试行）》等七大领域建设指引。其中，《深圳市儿童友好出行系统建设指引（试行）》是由市

交通运输委员会联合市妇女儿童工作委员会共同编制的，标志着市妇女儿童工作委员会首次与相关职能部门联合发布针对儿童友好细分领域的政策指导。自此指引发布以来，交通运输部门积极响应，多次将儿童友好理念融入该部门出台的政策文件中，并设定了具体达成目标，以确保儿童友好出行建设的有效推进和实施。2021 年，深圳市相关部门又陆续推出《儿童友好公共服务体系建设指南》《深圳市儿童参与工作指引（试行）》以及《深圳市儿童友好实践基地建设指引（试行）》等重要文件。这些文件的发布在国内尚属首次，不仅标志着深圳市在儿童友好城市政策体系建设方面的进一步成熟，也意味着全市在推进儿童友好城市建设方面，正朝着更广阔的领域、更深层次的实践和更全面的目标迈进。

深圳市通过积极开展公共服务机构各类试点项目，积极探索并改造学校、社区、医院等关键区域，致力于创建适宜儿童的友好型空间。在这一实践基础上，进一步制定出全国首套建设指引，为儿童友好型空间的广泛建设和推广提供坚实的框架和支持，推动儿童友好城市建设向更科学、更标准、更规范的方向发展。

深圳市作为全国首个提出系统性建设儿童友好城市目标的超大城市，面对无先例可循的挑战，采取了因地制宜、创新驱动的策略。政府部门发挥了主导作用，积极联合各部门和社会力量，共同推进儿童友好城市建设。同时，通过统筹规划和平台支撑进行顶层设计，制定出全市战略和总体规划，并基于部门项目实施，拟订近期行动计划。在国家标准和指引尚不明确的情况下，深圳市陆续开展了七大领域的试点工作，为基层部门实施儿童友好理念提供了配套的工作和建设指引。经过多年的发展，深圳已将儿童友好城市从概念转化为现实，成为一个既符合社会主义现代化先行区的定位，又具有全球城市人本特征和可持续发展理念的儿童友好城市。

第二节　上海：引领城市变革，打造儿童友好型社区标杆

一、上海市儿童友好城市建设背景

上海市第七次全国人口普查主要数据公报（第一号）显示，上海市 0～14 岁常住人口数量为 243.63 万人，仅占总人口的 9.8%，相较于第六次人口普查提高了 1.2 个百分点。鉴于这一独特的人口结构特点以及其他多重动因的叠加

影响，上海市将儿童友好城市建设纳入城市发展的战略规划，计划从儿童友好型社区起步，逐步扩展到儿童友好城区，最终建设为儿童友好城市。

2019 年，上海市正式启动儿童友好型社区的试点工作，设定到 2020 年底建成超过 50 个具有显著示范效应的儿童友好型社区示范点的目标，以期在全市范围内推广这一模式。同年 7 月，上海市妇女儿童工作委员会联合多个相关部门发布了《关于上海市开展儿童友好社区创建试点工作的指导意见》，旨在鼓励全市积极申报创建儿童友好型社区示范点。2021 年，上海市妇女儿童工作委员会下发《关于进一步做好上海市儿童友好社区创建工作的通知》，经过三年两轮的创建工作，上海市目前共有 158 个街镇成功通过创建验收，成为全市儿童友好社区的示范点。2023 年，上海市正式成立推进儿童友好城市建设领导小组，先后出台《上海市儿童友好城市建设实施方案》《上海市推进儿童友好城市建设三年行动方案（2023—2025 年）》等文件，并被列入建设国家儿童友好城市名单。从更高起点出发，上海市将继续深化儿童友好城市建设，开拓一条与高质量发展、高效能治理相匹配的儿童友好城市建设新路径。

二、社区力量驱动：打造儿童友好城市发展新引擎

（一）儿童友好型社区建设的重要性

社区是城市的基础，是城市建设、发展和治理的基本单元。对儿童而言，他们的活动范围相对有限，社区是他们交友玩耍的最佳选择。通过建设儿童友好型社区，为儿童提供休闲娱乐的场所，不仅能显著增强儿童的社交互动技能，还有助于他们建立持久的同伴关系，进而对儿童的身心全面发展产生积极作用。

上海市儿童友好城市建设运动发轫于儿童友好型社区实践，主要源于四点：一是从国际建设经验来看，很多国家都将社区作为建设儿童友好城市的必有内容，并且认为儿童社区参与关系到儿童多种能力的获得；二是除家庭和学校之外，社区本身就是儿童社会化的主要场域；三是从城市资源禀赋角度来看，上海多年深耕于社区治理领域，早已形成了比较完善的治理结构，家门口服务体系、社区 15 分钟生活圈已基本健全，并且网格化管理和组团式服务已经具备一定规模；四是在党建引领下调动多元主体的力量进行社区自治共治已经成为居民生活世界的惯习。[①]无论从儿童友好的空间建设，还是从儿童参与体系建设来讲，上海市在社区建设上都具备较好的创建基础。

---

① 赵欣. 迈向福利共享型社会：儿童友好社区的建设逻辑与持续生产机制——基于上海的实践经验研究[J]. 甘肃行政学院学报，2022（2）：54-65.

（二）儿童友好型社区建设路径

1. 优化儿童友好型社区服务

上海市社区以儿童服务中心为圆点，儿童之家为半径，构建起社区儿童友好服务圈，常态开展面向儿童的专业化、多元化、优质化的服务，推动实现儿童服务供需动态平衡。如长海路街道构建 15 分钟儿童友好服务圈，形成以 1 个中心为圆心，5 个儿童之家为半径，N 个空间为补充的童-家-园阵地网络。新江湾城街道则实施"2+5+N"布局，为儿童提供全方位服务，满足全年龄段儿童活动需求。上海市通过空间规划策略，致力于提升儿童服务的可达性和覆盖范围，有效促进了儿童服务供需之间的平衡，为儿童的全面成长营造了良好的环境。

上海市鼓励各社区为家庭提供支持性服务，通过儿童服务中心或儿童之家提供科学养育指导、开设家庭课堂等。如奉贤海湾镇建成的多功能儿童之家，便是为 0～17 岁儿童及家长提供早教、科创等课程；五里桥街道北分部的儿童服务中心与上海市阳光善行公益事务中心合作，秉承家的核心理念，精心规划空间布局，致力于为社区居民提供一个适宜的室内亲子互动及家庭活动场所。此外，还在新建小区内成立非营利性的托育园，专门为双职工家庭的 2～3 岁幼儿提供专业的照护服务，旨在确保相关家庭能够获得高质量、可负担的幼儿照护解决服务，帮助父母在工作与家庭生活之间找到平衡，实现对家庭友好型社会环境的构建。

2. 完善儿童友好型社区空间

社区室内公共空间的规划建设应符合儿童在不同发展阶段的需求，遵循不同年龄段儿童特征并配备相关设施。如天目西路街道儿童服务中心拥有近 1000 平方米的活动场地，其中专设儿童图书馆，定期组织社区儿童与家长开展亲子阅读和"图书漂流"等公益活动。社区街道还打造了各具特色的儿童之家，如地梨港居民区的科创中心和卓悦居居民区的"小小美丽维护队"等特色活动，激发了儿童参与社区建设的兴趣与热情。

创设社区户外空间可提供开展户外活动且安全性高的社区公园、绿道、广场等公共空间，为儿童健康发展提供便捷、安全、可靠的硬件设施环境，如新江湾城生态走廊的观鸟平台与社区儿童生物多样性探究体验基地，结合自然科普活动，为儿童提供探究生物多样性、了解大自然规律的空间。美丽的生态环境空间与城市环境相融合，补足城市公共功能的同时，也满足了不同年龄段儿童的活动需求。

3. 营造儿童友好型社区环境

以社区为联结纽带，搭建起家校社联动的支持网络，进一步促进家庭、学校、社区之间的良性互动，从而构建一个充满正向支持和紧密合作的儿童社会支持生态圈，为儿童提供一个更为全面、和谐且富有支持性的成长环境。例如，长海路街道积极培育儿童服务组织和社会工作者，丰富儿童家庭服务需求，并通过政府购买服务，委托专业组织运营儿童服务中心和儿童之家。同时，通过严格选拔和管理儿童服务工作者，确保了儿童服务的安全性和专业性。又如，洋泾社区则凭借丰富的教育资源，整合幼儿园、小学的外部环境，改造多处儿童友好空间，这成为其创新亮点。

营造儿童友好型社区氛围，不仅要传递儿童友好理念，还要重视社区文化的独特作用。曹杨新村作为新中国首个工人新村，凭借丰富的教育资源和深厚的红色底蕴，积极打造儿童友好型社区文化。其品牌项目"童心向杨"以曹杨精神为核心，联动家、校、社力量，通过"知、学、建曹杨"项目，为儿童提供舒适的成长环境，并传承红色精神和劳模精神。与此同时，项目融合多元活动与童心向"杨"理念，培养儿童爱党爱国、艰苦奋斗的品质，结合家教家风教育，构建有温度的家庭教育社区文化生态圈。

4. 健全儿童参与互动机制

儿童作为城市发展的关键组成和关键受众，其重要性正日益显现。一方面，儿童具有独特的创造力、观察力和想象力，可以为公共设施规划、公共空间营造等方案编制提供不同视角；另一方面，儿童是城市的未来，对儿童感受和需求的回应能更好地促进儿童成长，也是城市规划的题中之义。[①]上海市推动儿童友好型社区建设的目标指向儿童的参与，将塑造更多适儿化空间，打造具有温度、富有灵感的儿童友好城市。

目前，上海市正积极拓展儿童建言渠道，有效利用红领巾理事会、儿童议事会等多个平台。同时建立儿童参与的长效机制，扩大儿童代表群体的范围，构建完善儿童意见引导、收集、回应及宣传为一体的全面参与机制。如平凉街道利用红色资源招募以中小学生为主的"小小讲解员"队伍，带领居民团队沿滨江讲解杨浦百年历史、红色文化故事，成为杨浦滨江党群服务站志愿服务的

---

① 徐辰，申立. 儿童参与城市规划编制的方法与机制研究——以上海为例[J]. 上海城市管理，2022（5）：58-64.

一道亮丽的风景线。定海街道开展寻找社区"蓝精灵"招募活动，组成儿童议事会代表，让儿童以观察员、小记者、提案者等多重身份参与到城市建设中来。五里桥街道则搭建了儿童议事会平台，每月定期开展社区探访活动，并通过联席会议讨论议题，交流观点，推动形成解决方案。

儿童友好型社区的建设是提升儿童福祉并推进儿童友好城市发展的关键环节。在社区层面践行儿童友好理念，不仅能发挥社区分布广泛、覆盖全面的优势，积极扩大儿童友好理念的传递范围，还能激发城市与社区的内生发展动力，推动形成以儿童友好为切入点的共建共治共享的社会治理格局。上海市通过优化儿童友好型社区服务、完善儿童友好社区空间、营造儿童友好型社区环境、健全儿童参与建设机制四个环节来打造儿童友好型社区，以此加强儿童友好落地社区的全局性谋划和整体性推进，为儿童成长发展提供适宜的条件、环境和服务，持续推动儿童成长与社区、社会发展的同频共振。

第三节　成都：引领学校革新，赋能儿童友好城市建设

一、成都市儿童友好城市建设背景

成都市是我国西部地区的特大中心城市，成都市儿童数量规模正在稳步扩大，社会各界广泛关注并重视儿童的发展。2019年，成都市妇女联合会提出建设儿童友好城市是推动儿童与城市协调发展的重要路径，通过一系列论证研究、主题研讨和专题建议等活动，建设儿童友好城市的概念从倡议正式转变为城市发展战略。2021年，市政府进一步将建设儿童友好城市纳入《成都市国民经济和社会发展第十四个五年规划和二〇三五年远景目标纲要》，并编制完成《成都儿童友好城市建设五年行动计划》，明确以"社会政策、公共服务、权利保障、成长空间、发展环境、文化体验"为内容的有中国特色的儿童友好城市发展思路。2022年3月，为加快建设儿童友好城市，成都市政府特别颁布《成都市儿童友好城市建设实施方案》，成都也随之被列为全国第一批14个儿童友好城市建设试点之一。成都市始终坚决执行国家战略和市委、市政府的决策指示，以创新为手段，紧扣中心任务，集聚各方力量，牵头推进儿童友好城市建设，努力为儿童成长画出最大"同心圆"，以儿童友好助推全龄友好社会建设。

二、教育优先发展：塑造儿童友好城市发展新视角

1. 建设儿童友好学校的目标价值

《成都市儿童友好学校建设导则（试行）》将儿童友好型学校明确定义为：以儿童发展为中心，师生、家长、社会民主参与学校管理，倡导儿童优先、儿童平等和儿童参与的理念，儿童发展环境良好，儿童权益依法保护，儿童观点充分表达，儿童安全有效保障，促进儿童全面、和谐发展的学校。建设儿童友好型学校不仅能提升儿童对学校的认同感，还能激活儿童学习的创造性并增强儿童的获得感，让学校成为儿童幸福生活的地方。[①]因此，推动儿童友好型学校的建设不仅是教育领域不可或缺的重要方向，更是引领未来学校发展趋势的主流选择。

2022 年 11 月，成都市教育局正式发布《关于推进成都市儿童友好学校建设工作的通知》，选定四川天府新区润泽幼儿园、成都东部新区蓝绸带小学校等在内的 51 所学校作为儿童友好型学校建设试点。该计划以三年为期，将基础扎实、特色突出、儿童友好氛围浓郁且具备高度示范性的学校选拔为全市儿童友好示范学校。同时，该文件明确至 2025 年，每个区（市）县需至少建立 1～2 所儿童友好型示范学校的具体目标。

在成都市儿童友好城市建设的总框架下，儿童友好型学校始终坚持以儿童为本的原则，积极贯彻"儿童优先、儿童平等、儿童参与"的核心理念。为儿童提供制度理念友好、师生友好、教学过程友好、成长环境友好、儿童参与友好的环境，以达成全纳与平等，有效的教与学，安全、健康与保护，参与与和谐的儿童友好型学校标准。

2. 建设儿童友好学校的主要举措

（1）提倡儿童友好的办学理念。

在儿童友好型学校建设中，教育工作的重心始终聚焦于儿童的利益和需求，确保每个孩子都能感受到尊重，得到呵护。邛崃市（成都市代管县级市）城北幼儿园以"做生活的主人"为办园理念，通过设置各种生活场景和活动，让儿童学会自我管理、自我决策和自我评价。成都市锦西幼儿园以"生命乐园，多彩锦西"为办园理念，旨在让每个儿童在充满关爱和尊重的环境中成长。通过互动、探索自然等方式，体验生命的美好和多样性。

---

① 刘宇. 儿童友好学校：高质量学校发展的可能路径[J]. 教育发展研究，2022（Z2）：25-32.

（2）营造关系友好的学校氛围。

人作为社会性生物，生活在一个由各种关系构成的网络中，人际关系的质量与互动对教育的成败起着重要作用。成都市天涯石小学致力于营造一个师生关系友好的校园环境，通过推行师德师风专题学习活动、开展榜样力量事迹宣讲、设置特殊儿童关爱、家校联系共育和名师工作示范等活动，形成尊师爱生的友好关系。此外，学校还特别鼓励学生结交知心朋友，引导他们在学习、游戏和日常活动中与同伴进行有效沟通和协作，从而形成亲密友爱的同伴关系。基于此，学校不仅提升了教育质量，还为学生的全面发展和社交技能的培养提供了坚实的基础。

（3）开展儿童友好的教育活动。

课程是教育的核心要素，是学生获取知识、技能和价值观的主要途径。四川天府新区润泽幼儿园充分挖掘周边社区、公园城市文化资源，形成一套符合园所发展定位、适宜儿童成长需求的儿童友好课程体系。新都区芭德美际学校则以自由思辨课程为核心，以博雅基础课程为基础、美际校本课程和天赋优能课程为支持的三大模块，为学生提供更多课程选择、更多学习方式选择、更多学习场景选择，不仅丰富了学生的学习体验，更激发了他们的学习兴趣和创造力。

社会实践活动也是学校教学活动的组成部分，丰富的社会实践活动将帮助儿童更好地了解社会和世界。通过参观科技馆、博物馆、图书馆等场所，接触到更多的知识和信息，可以拓宽儿童的视野和知识面。成都市泡桐树小学与成都大熊猫繁育研究基地合作，定期组织学生前往基地参观，了解大熊猫的生活习性和保护意义，让学生在活动中增强对生态环保的意识和行动。青羊区特殊教育学校通过举办"儿童友好义集"等主题活动，锻炼学生的社交能力，帮助学生融入社会生活。

（4）打造儿童友好的校园环境。

在追求教育品质的过程中，打造安全、友好和舒适的校园环境已成为各学校的核心关注点。天府新区麓湖小学的建筑、色彩以及功能室设计均突破传统，将学生的活动、生活需求与安全要素融入校园空间布局之中。四川东部新区浅山幼儿园在校园环境建设上投入了大量精力，配备了高标准的设施设备，包括多类型功能室与丰富的户外设施和特色活动区，为孩子们构建了一个自由、安全、富有创意的成长环境。儿童友好的校园环境不只是给儿童提供一个安全的物理空间，更是为儿童成长创造的快乐天地，能够激发儿童的潜能，为儿童未来的生活和学习奠定坚实的基础。

（5）重视儿童的参与和表达机会。

儿童的参与和表达对于培养他们的主动学习能力、批判性思维、沟通技巧及团队合作能力至关重要。教育者应创造支持性环境，重视并尊重儿童意见，以促进其全面发展。儿童友好型学校同样践行这一理念，高度重视儿童的参与权和表达权，致力于营造一个充满支持和鼓励的环境。龙泉驿区青台山小学不仅在校内设立了专门的学生参与组织机构，还积极鼓励儿童参与志愿服务活动，以培养他们的责任感和自主管理能力。成都市第十一幼儿园则通过成立"小当家委员会"，每月定期召开会议，就相关议题展开热烈讨论，不仅拓宽了儿童自由表达的途径，也增加了他们获取信息的渠道，从而进一步提升了儿童的参与感和归属感，切实保障了儿童的参与权。儿童友好型学校建设正在以实际行动诠释其重要内涵，为儿童搭建展现自我、实现梦想的舞台。

创建儿童友好型学校不仅是教育领域的重要任务，更是城市发展的核心战略，对社会的可持续发展具有深远的影响。学校应始终站在儿童的视角，以儿童的全面发展为核心目标，全面考虑儿童的需求和利益。在制度理念、人际关系、空间环境、教学过程、儿童参与等多个维度上，学校应积极探索和创新，努力为儿童营造一个充满关爱、鼓励和支持的成长环境，培养出具备创新思维、实践能力和社会责任感的有用之才，为城市的未来发展提供坚实的支持和动力。

第四节　城市公共资源教育功能实现的理性思考

城市公共资源作为城市发展的重要基石，不仅承载着市民日常生活的需求，更具备着潜在的、多元化的教育价值。在儿童友好城市建设的背景下，儿童的健康成长与优质教育依然是城市发展的核心议题，将城市公共资源转化为富有教育意义的学习场所尤为重要。从公园社区到博物馆、图书馆，从历史文化遗迹到现代科技设施，它们都是教育的重要载体。通过精心规划和有效管理，公共空间可以转化为多样化的学习空间，可以为儿童提供丰富的学习体验。最大化挖掘并释放城市公共资源的教育潜能，关键在于深刻洞察并精准把握这些资源的独特性，明确其在教育功能转化中的实现路径与机制。同时全方位、多维度地考量各种因素，进而制定出一套切实可行的建设策略，确保教育目标的有效达成，让城市成为滋养未来之星的智慧摇篮。

一、城市公共资源教育功能实现的路径与机制

（一）城市公共资源教育功能的实现路径

2016 年以来，我国高度重视儿童友好城市建设，各大城市陆续开展儿童友

好城市的在地化探索，目前主要形成了两种互为补充的探索路径，将儿童友好的理念转化为具体的政策和行动，以推动城市公共资源更好地服务于儿童的成长和发展。

1. 自上而下的整体规划

以深圳市、长沙市等为代表的城市，将创建儿童友好城市的目标纳入城市发展的顶层设计，制定相应的行动计划和任务。通过专项规划，建立以妇女儿童工作委员会为主导，联合多部门协同合作的多元参与模式，重点以儿童友好城市建设方案及行动计划等政策为抓手，引领推动全市范围内儿童友好城市的建设与发展。

深圳市自 2015 年起率先开展探索，于 2016 年正式推出《关于积极推动深圳率先成为中国首个儿童友好城市的提案》，明确将儿童友好理念深度融入城市发展各环节。在当时法定规划普遍缺乏儿童相关视角的背景下，深圳市并未止步，而是勇于创新，探索出一条以规划为引领、以政府为主导的儿童城市建设优化路径，确保在战略规划层面实现公共资源的合理分配，以更好地促进儿童的成长和发展。随后深圳市又相继发布《深圳市建设儿童友好城市战略规划（2018—2035 年）》以及连续两轮的行动计划，打造了更多具有推广意义的示范样板。长沙市则于 2015 年正式提出创建儿童友好城市，并将其纳入长沙 2050 城市远景发展战略规划。2019 年，长沙市自然资源和规划局、长沙市教育局、长沙市妇联联合出台《长沙市创建"儿童友好城市"三年行动计划（2018—2020 年）》，围绕政策友好、空间友好、服务友好三个方面，推出创建 10 大行动、42 项任务。2022 年，长沙市又发布新一轮《长沙市创建"儿童友好城市"三年行动计划（2023—2025 年）》，拓展至政策、服务、福利、空间、环境五大友好维度。经过持续努力与实践，长沙市已基本形成儿童友好城市共建共享大格局，展示了从儿童视角出发的城市建设新实践。

深圳市、长沙市等城市的建设发展路径，充分展示了自上而下整体规划的优势。在建设过程中，顶层规划者从儿童视角出发，充分考虑了儿童的需求和利益，确保公共资源能够更好地服务于儿童的成长发展。随后，通过将规划转化为实际行动，保证城市公共资源的特点与功能得以有效利用，从而为儿童提供更加丰富优质的学习、生活资源。

2. 自下而上的局部生长

自下而上的局部生长路径以北京、上海、温州等城市为代表。该路径更加注重基层的实践和探索，如以社区、街区等为重点进行突破，制定相应的技术规范，并对项目的实施情况进行监测、评估和分析，提出方案措施。通过分析环境条件、空间特征、儿童心理以及人际互动等需求，发现城市及其空间存在的问题，加以更新和优化，从而实现儿童友好理念的具体落实。

北京市基层自发的儿童友好实践源于 2019 年街道更新改造过程中出现的"适小化"探索。多年来，北京市持续关注并优化儿童活动空间，于多处区域推行"微空间"和街道"适小"试点项目，还积极引入责任规划师，鼓励儿童参与规划与设计，共同塑造出别具一格的儿童友好城市景观。上海市自 2019 年起推行儿童友好型社区建设，已成功打造 158 个示范型社区，形成了建设制度、建设指标和以妇女儿童工作委员会为核心的工作体系，使儿童友好社区从政策理念转变为了具体经验和实践。在后续发展中，上海市各部门持续加强基层社区的儿童友好建设，进一步推动儿童友好城市的建设历程。温州市则通过分类落实建设单元试点，纵向以 62 个乡镇街道、街区、村社为主体，横向推进学校、医院、场馆、商圈、企业等 128 个儿童友好单元建设，并确定"先试点、再扩面、全覆盖、成示范"的工作思路，在全省率先全域推进儿童友好城市建设工作。

北京、上海、温州等城市通过自下而上的建设路径，组织各基层组织开展适儿化新建或改造试点，将儿童友好理念融入基层建设之中，了解儿童及其家庭的直接需求和反馈，从而精准把握儿童友好的核心要素，建设儿童友好城市也逐渐成为广泛的社会共识，为城市的可持续发展注入了新的活力。

目前，我国儿童友好城市建设主要采用"自上而下"的方式，由政府部门牵头，企业、学校、社区和市民等主体配合开展创建工作。"自上而下"具有无可比拟的整体规划性和控制力量，但仅靠这一方式还不足以全面激发城市生长的活力。所以，在建设过程中还需基于自下而上的局部生长视角，发挥城市空间单位和利益团体的主体性，以前瞻性方式支持和指导城市逆向建设，实现城市点-线-面、人-地-财等清晰有序的网状立体化建设。两种视角相结合的运作方式有利于儿童友好城市建设的全域深度推进。

（二）城市公共资源教育功能的实现机制

我国儿童友好城市的建设尚处于起步阶段，为实现儿童友好的可持续推进，需建立一套综合性的实现机制。建立领导管理、经费投入、人员配置、多维激励和社会协同"五位一体"的推动机制（图 3.1），不仅有助于儿童友好城市的高品质和科学化推进，也有利于城市建设的可持续发展。

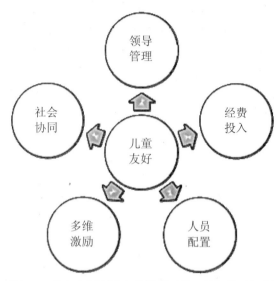

图 3.1　儿童友好型城市建设"五位一体"推动机制

1. 领导管理机制

儿童友好城市的建设需要协调多方利益群体共同管理儿童公共事务,其中,建立有效的领导管理机制至关重要。从一些国家的实践来看,在儿童友好城市建设中,政府的管理层面承担着终极责任。[①]从我国部分城市建设的情况来看,政府主要设立了专门的领导管理机构并明确其任务职责。如长沙市成立以市长为顾问、常务副市长为组长的儿童友好城市创建工作领导小组,形成责权明晰、分工明确、运转有序的儿童友好城市建设协作机制,促进各项任务的部署与落实。温州市同样建立起了全面的领导体系,由市委书记和市长分别担任领导小组的组长和第一副组长,每季度牵头召开一次领导小组的例会,对相关工作予以部署和推进,市四套班子领导挂钩联系重点项目,六大友好工作专班协力共进,形成了党委领导、政府主导、社会共建、儿童参与的工作格局。领导管理机制强调通过设立专门的领导管理机构,制定城市发展框架与指引,明确各部门主体的职责与分工,推动各利益方达成共识,确保儿童友好城市建设的顺利进行并取得实效。

---

① 格利森,西普. 创建儿童友好型城市[M]. 丁宇,译. 中国建筑工业出版社,2014.

2．经费投入机制

建设儿童友好城市还要合理利用资源，同时确保这些资源投入的持续性和稳定性。金华市为实现 2024 年儿童友好城市建设国家试点的目标，投入资金112.37 亿，共推进 81 个重大项目、186 个试点单元建设落地。

为确保资金的持续投入，需要构建多元化的融资机制，以政府财政为基础，获得金融市场的支持和非正式部门的贡献。通过评估城市发展资源，形成政府主导、市场补充、社会参与的融资模式。如深圳市将儿童保护和儿童友好项目纳入政府向社会购买服务指导性目录等；温州市探索成立儿童友好社会组织联盟、慈善基金，形成"国资+民资"共投、"公办+民办"共建模式，共同为儿童友好型城市建设提供稳定资金保障。同时建立起经费投入的理性分配机制，注重在城市公共空间、基础设施等方面融入儿童友好元素，确保财政投入的公平性。通过持续优化经费投入机制，为城市建设提供稳定且充足的资金支持，让每一个儿童都能享受到城市发展的成果。

3．人员配置机制

儿童友好城市的建设是一项系统工程，绝不能单独依赖政府的力量，它需要政府、社会机构以及全体市民等多元主体的共同努力。截至目前，我国在建城市中的大部分机构、家庭和市民对儿童友好这一理念和发展目标并不完全了解。因此，关注儿童友好城市建设的人员主体并构建合适的人员配置体系，对于全面推进儿童友好城市建设具有重要意义。

首先，确立起城域全员主体基本认知。即城市是市民的共同家园，每位市民都应当成为城市建设的积极参与者。其次，在这一基础上，进一步构建城域全员行动机制，旨在通过政府的协调与引导，将不同利益相关者凝聚在同一共同愿景之下，形成由领导者、宣传者和协调者等多方力量构成的人员网络，通过合理布局和明确分工，确保每位成员都能各尽其责，共同推动城市建设的顺利进行。如长沙等城市建立起从市级到区县、街道、小区和家庭的纵向传导机制并配置了"一乡镇（街道）—儿童督导员，一村（社区）—儿童主任"的基层儿童关爱专职人员，做到事有人干、责有人负。该机制不仅加强了工作的系统连贯性，也为儿童提供了更加直接、有效的服务，让每一个儿童都感受到社会的关爱和帮助。

4．多维激励机制

儿童友好城市的建设涉及城市发展全局，需要主动创设多维度多样化的公共激励政策以增强建设活力。通常来说，激励体系具有多维交叉性，如按层级设计市—区县—街道—社区—家庭等纵向激励规划，按对象设计针对机构、团队或包括儿童在内的个人激励措施，按领域设计建筑、交通、教育、医疗、研究等行业激励政策，等等。①激励体系的形成有助于吸引不同组织、群体的积极参与。

部分城市通过预先设定具体的公共奖励措施，促进多方主体的投入与创新，如多形式减税、项目支持基金设置和奖金物品发放等。哈尔滨等城市面向市民公开征集儿童友好城市特色标识、宣传语和歌曲，入围作品均可获得相应奖金、奖品，以此激励市民参与城市建设。部分城市通过授予荣誉称号、颁发荣誉奖章、享受"特权"等，如上海市政府于1988年设立"儿童工作白玉兰奖"，旨在表彰为推动儿童事业发展、促进儿童健康成长作出突出贡献的个人和集体，激励全社会"关爱儿童，为儿童作表率，为儿童办实事"。多维激励机制通过综合考虑各主体需要，构建了一个全面而立体的建设框架，有效激发了社会各界的参与热情，进一步推动了儿童友好理念深入人心。

5. 社会协同机制

儿童友好城市的建设与增长式发展，建立在所有利益相关者愿意并能参与的基础之上。从市政府管理角度出发，构建各方平等、良好的协同伙伴关系，在国家政策制度中注入儿童视角，形成符合儿童友好型城市建设的指引，是推进其建设立体化并动员各种资源的有效方式。如杭州市建立政府主导、社会参与、全民行动的工作格局。横向层面建立多部门、多主体的联动机制，构建以儿童为中心，社区、学校、企事业单位、公益组织、媒体广泛参与的儿童友好城市治理体系；纵向层面搭建起市级—区县—街道的工作实施体系。此外，各级政府通过制定针对社会机构、社区、学校和包括儿童在内的市民参与的持续性协助计划，挖掘社会资本，促使各主体参与的制度化。例如，部分城市开展的"儿童友好城市试点单位认证"不仅是一项荣誉称号，更是一种推动力。通过认证有助于增强政府公共政策的影响力和公众信任度，提升合作氛围。社会协同机制使得儿童友好城市的建设不仅仅是一项政府工程，更是全社会共同关注和参与的事业，打造共建、共治、共享的理想局面。

二、城市公共资源教育功能实现的问题与挑战

儿童友好城市建设作为城市建设与治理的一项系统工程，其推进过程需要

---

① 薛国凤. 从理念到实践：儿童友好城市建设的推动机制[J]. 少年儿童研究，2024（2）：94-100.

全领域、全系统的协调与配合，要确保各个环节、各个部门能够形成合力，共同推动城市向着更加符合儿童需求、有利于儿童发展的方向迈进。但在具体的实施中，仍会面临以下问题与挑战。

（一）浅层理解下的合作困境

我国儿童友好城市建设已初步形成共识，但建设理念尚未深入人心，部分群体对儿童友好城市的理解仍停留在表层。建设儿童友好城市还需要政府、社会组织及个人等多方力量的共同参与和紧密合作。然而，当前的试点项目多由政府主导，依赖政府财政投入，无疑对项目的长期可持续发展提出了挑战。此外，政府在引导和激发社会组织活力方面还存在不足，导致提供的服务内容缺乏专业性和针对性；部分参与主体在功能定位上多停留在初步规划阶段，彼此之间缺乏有效的沟通和协作。例如，学校、家庭和社区间在推进儿童友好城市建设时往往各自为政，呈现出"点状"分布的特点，缺乏整体的协同性和连贯性。

（二）片面认识下的建设难题

儿童友好城市的核心内容涵盖了赋予儿童决策参与权、提供完善的社会服务、保障儿童生活环境安全以及满足儿童行为活动需求等多个方面，但在当前的建设实践和推动过程中，城市往往聚焦于提供服务和建设环境，对其他核心要素缺乏足够的重视。这种片面化的关注，可能导致儿童在城市建设和发展中的实际需求被忽视。儿童友好城市建设并非孤立或简单嵌入现有工作中，而是一项需要与各领域深度融合的事业。这就意味着在城市规划、建设、管理和服务等各个方面，需要充分考虑儿童的特殊需求和利益，确保儿童在城市发展中得到充分保障和尊重。

（三）儿童权利下的参与挑战

儿童友好城市建设本质上是以儿童权利优先为准则的城市治理。因此，从城市愿景、建设策略到执行过程，都应将儿童参与放在首位。目前，在我国儿童友好城市的建设中，虽对空间布局、政策制定等方面有所考虑，但儿童参与程度仍十分有限。现有的大多数儿童友好型活动和内容缺乏对儿童整体发展的深层次关注，导致儿童对于其概念的认知和理解有限，难以真正参与城市的建设和发展。由各方主体组织的相关活动、项目参与途径和方式也往往缺乏趣味性和吸引力，无法激发儿童的参与热情。同时，由于缺乏专业的运营团队来深入研究并推动儿童参与，儿童在城市规划与发展中的声音和贡献也受到了限制。

（四）体系建设下的监督难点

建设儿童友好城市，不仅需要国家在顶层战略上进行引领，更需要相关部门在监测监管和质量评估上予以把关，建立健全监管体系是确保各项举措落到实处的关键。然而，监管体系在实际的运行中仍存在诸多不足，如政策法规的执行力度不足，导致相关规定形同虚设，未能真正发挥其对城市建设的指导和保障作用；监督反馈机制的不完善导致信息反馈不及时、不准确，监督结果不够公开透明等，影响到效果反馈，从而导致建设进展缓慢，难以达到建设的预期目标，也降低了公众对建设工作的信任度和满意度。

三、城市公共资源教育功能实现的优化建议

儿童友好城市建设作为一项重要的长期战略，旨在打造一个更加适合儿童成长、发展的友好环境。随着相关工作的深入推进，儿童友好城市建设也面临着诸多挑战。为确保儿童友好城市建设的可持续和成效，必须站在更高的战略视角，进行深入而系统的优化革新，以期为未来城市建设提供借鉴参考。

（一）凝聚社会共识，多方协同共建

儿童友好城市作为新兴理念，其推广与实施亟需社会各界的共识与支持。首要任务是通过多渠道开展宣传，提升公众对儿童权利的关注和重视，进而构建起广泛而坚实的社会基础。在此过程中，应充分体现儿童友好理念与城市发展质量的内在联系，明确不同参与主体在儿童友好城市建设中的定位与价值，随后重构各方关系，打破传统壁垒，探索多方参与的共治模式。其次，政府应发挥统筹规划作用，积极整合各方资源，制定并实施相关政策法规，提供明确的发展规划和方向指引；学校、社区和社会组织等其他主体则需各司其职，共同承担责任，推动儿童友好城市持续发展，实现儿童与城市的和谐共生。

（二）聚焦儿童友好，创新推进建设

针对城市建设中的"片面化"问题，需要重新审视和调整建设策略，确保儿童友好这一核心要素贯穿于城市发展的始终。通过明确目标任务，按照"先试点、再扩面、全覆盖、成示范"的思路，逐步推进城市建设，确保"儿童友好"各项内容得到充分重视与实施。鉴于国内儿童友好城市建设起步较晚，各城市应广泛借鉴和吸收各地区的先进经验与做法，并结合自身实际，在实践中不断探索和完善自身建设模式。如温州市在国家提出"五大友好"的基础上，结合自身儿童产业优势，加入"产业友好"理念，进一步拓展儿童友好城市建

设的内涵。因此，城市发展需以儿童友好为核心，不断探索创新路径，努力塑造具有中国特色、时代精神的儿童友好城市。

（三）捍卫儿童权利，激发参与动力

儿童友好城市建设的关键在于倾听儿童的声音，认真采纳儿童提出的意见，体现儿童的参与成果。为此，城市需要开展多样化的儿童友好型活动，激发儿童的参与热情，传播深层的文化价值。例如，深圳市致力于建立"儿童议事会"，将行动力还给儿童；长沙市通过开展扎针地图、愿望纸条等活动让儿童参与校园周边环境改善项目。此外，政府主导下的各建设主体也要积极吸纳儿童对城市建设和发展方面的意见，让他们意识到自己作为城市的一员，有权利也有义务参与到城市的建设发展中。充分尊重儿童的权利，有效保障儿童的参与，才能够构建一个真正以儿童为中心，充满活力和包容性的城市空间。

（四）加强监督反馈，实现长效发展

建设儿童友好城市是一段深远且极具价值的征程。在这一过程中，持续的监测、评估与反馈机制发挥着关键作用。鉴于我国儿童友好城市建设尚处于初期阶段，基础研究数据相对匮乏，各个城市应紧密结合国家层面的评估标准，运用多种调研手段，实施长短期相结合的客观评价，以获取准确的数据支持；及时评估存在的问题，不断完善相关政策制度，引导各方利益相关者有效参与，确保城市建设的协调与高效运行。通过完善监督反馈体系，为建设出既满足儿童发展需求，又符合家庭期望及社会城市发展方向的儿童友好城市提供支持。

随着我国城市化进程的加快，城市面貌焕然一新，但随之而来的是社会与人口等问题的多重挑战。儿童友好城市建设"不只是对儿童有利，真正受益的是城市所有市民和城市本身。"[1]通过增强公共资源的教育功能，满足市民需求并实现发展成果的普惠共享，不仅有效应对了当前的挑战，更是对未来城市生活质量的深远规划和前瞻性思考。儿童友好城市的发展将持续优化公共资源的教育功能，以创造一个更加有利于儿童成长、学习和全面发展的环境。

---

① 格利森，西普. 创建儿童友好型城市[M]. 丁宇，译. 中国建筑工业出版社，2014.

第四章

儿童友好视角下的城市社区资源建设案例

第一节　城市社区资源建设研究综述

一、社区资源价值相关研究

践行儿童友好理念，不仅能发挥社区分布广泛、覆盖全面的优势，扩大儿童友好理念的传递范围，还能激发城市与社区的内生发展动力，推动形成以儿童友好为切入点的共建、共治、共享的社会治理格局。绘好社区"童心圆"，要持续优化儿童友好型社区服务、打造儿童友好型社区空间、营造儿童友好型社区环境，加强儿童友好型社区建设的全局性谋划和整体性推进。

（一）关于社区内涵的研究

社区一词最早于 1987 年被德国社会学家斐迪南·滕尼斯（Ferdinand Tönnies）提出。在滕尼斯看来，社区是由同质人口组成的，社区中的人们相互关心、彼此帮助，关系极为密切。我国社会学家则将社区定义为 "聚集在一定地域范围内的社会群体和社会组织，是根据一套规范和制度结合而成的社会实体，是一个地域社会共同体。"[①]在《人文地理学词典》中，社区被定义为"集中在固定地域内的个体之间相互作用形成的社会网络。"[②]社会地理学家从社会地理学的视角出发，将社区视作城市社会生活空间结构的最小组成单元，其中的人群具备相同的地域与文化特征。伴随社会的不断发展，滕尼斯著作中有关社区的内涵也得到完善。在社区研究中，虽然经济学家、社会学家、政治学家、地理学家等由于研究的视角不同，对"社区"这一概念的理解和定义不同，但是都认为具有一定的人群，人群享有共同的地域以及人们之间具有共同的利益和认同感这些是社区的最基本的特征。[③]费孝通等人在 20 世纪 30 年代将 community 译为社区，此后我国开始出现有关社区问题的研究。[④]改革开放以来，不少学

---

① 李祎杨. 党建引领城市社区资源整合研究[D]. 成都：西华师范大学，2022.

② 王彦辉. 走向新社区——城市居住社区整体营造理论与方法[M]. 南京：东南大学出版社，2003.

③ 约翰斯顿. 人文地理学词典[M]. 柴彦威等，译. 北京：商务印书馆，2005.

④ 丁元竹. 中文"社区"的由来与发展及其启示——纪念费孝通先生诞辰 110 周年[J]. 民族研究，2020（4）：20-29.

者从社会学的角度对社区进行了研究，得出了多种结论。有的学者从民族学和人类学的角度对此进行分析，有的学者从政治学的角度对此进行研究，有的学者从社会学的角度对此进行探索。还有学者提到，社会学中的社区研究主要将文明社会作为研究的重点；人类学学者认为社区研究应该重视社区和外部的联系，同时也要重视社区自身具有的独特意义，它对多元社会文化的发展起到积极作用，这种学术研究符合时代的发展特征。总体来看，学术界普遍认为，社区是由一些社会团体或社会组织组成的与生活有关的团体，它是社会有机体最基本的内容，也是宏观社会的缩影。社会学家对社区的基本概括是，在一定的地域范围之内，由共同生活的人群组成的社会生活共同体，社区内有相对密切的交互联系，社区中应该包括一定数量的人群，特定范围的区域，一定规模的设施设备，独具特色的文化以及特定类型的组织。

（二）关于社区治理的研究

党的十八大报告首次提出城乡社区治理的基本思想与理念。2017 年，《关于加强和完善城乡社区治理的意见》正式出台，进一步明确了我国城乡社区治理的总目标，即城乡社区治理体制更加成熟定型，城乡社区治理能力更为精准全面，为夯实党的执政根基、巩固基层政权提供有力支撑，为推进国家治理体系和治理能力现代化奠定坚实基础。此文件是新中国成立后我国首个以中共中央、国务院名义颁布实施的关于社区治理方面的纲领性文件，意义重大，具有历史开创性。正因如此，在学界也有学者将这一年视为社区治理元年。刘娴静对我国城市社区治理模式的发展历程进行了梳理和分析，并从中得到结论，即在我国的社区治理过程中，治理主体由单一化的政府逐渐转变为包括政府、社区、非营利组织、居民等在内的多元化主体。而治理手段也从行政控制逐渐向民主协商转变。[①]吴光芸认为，若要有效实现社区治理和对社区公共事务的管理，关键在于构建一个协调参与的网络，妥善协调社区内各利益相关者之间的关系，促使政府、社区组织及居民等多方主体在社区治理行动中，经由持续性的互动与利益博弈，建立起合作与互惠的良性关系。[②]康宇通过梳理我国城市社区治理的发展脉络，认为目前城市社区治理正逐渐走向现代化，但诸如社区多元主体利益博弈、社区失灵情况的出现，以及非政府组织在社区治理中尚未完全发挥作用等一系列现实问题也阻碍了社区治理的进一步发展。在社区治理

---

① 刘娴静. 城市社区治理模式的比较及中国的选择[J]. 社会主义研究, 2006（2）: 59-61.

② 吴光芸. 利益相关者合作逻辑下的我国城市社区治理结构[J]. 城市发展研究, 2007（1）: 82-86.

中，无论是制度创新还是政策优化，都是不可或缺的部分。^①燕继荣认为我国在城市社区治理方面已经积累了很多具有参考价值的经验，只有将这些好的经验和做法形成制度，才可以将社区治理创新持续下去。他提出，要借助社会资本理论，在"熟人社会"的构建、社区自治组织的发展支持、社区主体间交往和信任的促进及社区内成员集体行动能力的提升等方面加大力度，以此完善社区治理创新制度。^②闫树涛认为，社会组织在社区治理中理应发挥协同作用，但是在具体的实践中，社会组织参与社区治理还存在很多行动困境，比如相关法律制度不完善、社会组织的专业性欠缺、地域结构发展不均衡等问题。为此，基层政府应充分利用我国日益向好的国家宏观制度环境，积极推进基层政策和制度创新，加快推进城市社区治理体制深层次改革，加快转变基层政府职能，积极培育和支持社会组织发展，尽快完善评估机制，健全监管体系。^③

周进萍、周沛选取 56 个城市社区治理案例进行了比较分析，并探讨了社区治理共同体在社区治理中的重要性及生成路径，最终将这些案例分为内生型社区治理共同体、孵化型社区治理共同体和应激型社区治理共同体三类。他们认为，在社区治理过程中，需通过增强自身动力的内生性、注重结构的互嵌性及提高制度的有效性，来构建城市社区治理共同体。与此同时，不可忽视不同类型社区及不同治理场景所具有的差异性，并采取针对性的治理策略，从而促进社区治理共同体的逐步形成。^④杨秀勇等认为，数字技术在社区治理中的应用日益凸显，在促进居民参与社区治理方面，数字治理发挥了不容小觑的作用。但同时，由于过度追求数字治理工具理性，数字治理工具过度行政化、技术化，一定程度上也限制了居民参与社区治理的积极性。因此在推动数字治理工作过程中要坚持"以人为本"，进一步重视信息安全与数字治理的社会性，以此实现数字技术对促进居民参与社区治理的创新驱动作用。^⑤

---

① 康宇. 中国城市社区治理发展历程及现实困境[J]. 贵州社会科学，2007（2）：65-67.

② 燕继荣. 社区治理与社会资本投资——中国社区治理创新的理论解释[J]. 天津社会科学，2010（3）：59-64.

③ 闫树涛. 结构、行动与制度：城市社区中的社会组织有效协同治理[J]. 河北学刊，2020（6）：177-185.

④ 周进萍，周沛. 城市社区治理共同体生成路径、类型特质与实践反思——基于 56 个案例的 QCA 定性比较研究[J]. 治理研究，2022（6）：93-104.

⑤ 杨秀勇，朱鑫磊，曹现强. 数字治理驱动居民社区参与：作用效果及限度——基于"全国社区治理和服务创新实验区"的实证研究[J]. 电子政务，2023（2）：72-82.

（三）关于社区资源的研究

社区资源指的是特定社区可以掌握、支配及调动的各种实际社会资源。目前，学界对于社区资源的概念尚未达成统一意见。杨贵华提出，社区资源有狭义与广义之分，狭义的社区资源是可供社区掌握、支配和利用的现实资源；广义的社区资源则是社区赖以存在和发展的一切资源的统称。[①]此外，部分学者认为社区资源涵盖范围极为广泛，既包含街居自有资源和社区单位资源，又涵盖服务设施资源以及人力、科技和信息资源；既包括现有资源，也囊括潜在资源；既涉及非经营性资源，还包含经营性资源。只有充分认识并了解社区资源的广泛性与多样性，才能够最大限度地发挥社区资源的使用价值。在社区资源的分类方面，邱柏生认为，社区资源主要分为物质资源、精神资源、人力资源和综合资源四大类。[②]根据研究需要，从社区资源整合的角度以及社会性内涵出发，社区资源并非孤立存在，而是更加注重其广泛性与多样性。因此，社区资源涵盖了社区能够掌控、支配和利用的各类现实资源，其中既有有形资源，又有无形资源。有形资源包括人力、物力、财力等看得见的要素；无形资源则有社区文化品牌、参与度、责任感等要素。与传统的自然村、行政村、村委会及农村社区相比，它没有明显的边界，强调的是凭借地缘优势及农民生活、生产习惯而聚集并生活在一起的共同体。社区内村民关系紧密，存在一定的非制度性组织形式和行为规范，同时形成了独特的文化与习俗。从类型上划分为两种：一种是伴随城市化、生态建设进程，农民共同的生产方式因制度化原因发生转变，例如城市拆迁征地，或者出于生态保护目的实施退耕还林、生态移民等措施，农民不再以传统种植业作为谋生手段，农村失去了以土地和农业生产为核心的治理基础，开始向城市社区模式转型；另一种则是传统的农业村庄，其运行功能和治理方式依旧以农业为基础。随着公共健康研究的持续推进，研究者指出社区乃是人们嵌入其中的特定社会、政治、经济系统。这个系统为人们提供维持健康所需的资源，同时也对人们接近和利用这些资源的行为加以规范。社区资源涵盖了教育、医疗、娱乐及食品市场和公共交通等社区内的基础设施。故而，依据研究者的结论，社区资源一般包含硬件与软件两种。硬件资

---

① 杨贵华. 社区共同体的资源整合及其能力建设——社区自组织能力建设路径研究[J]. 社会科学，2010（1）：78-84.

② 邱柏生. 论社区资源类型及其整合方式[J]. 探索与争鸣，2006（6）：33-35.

源是由各种设施、环境和组织等构成的服务资源，例如道路、服务中心、医疗设施等。软件资源则是潜在的社会资本。

（四）关于社区资源分类与整合的研究

部分学者对社区资源进行了分类。在宏观层面上，社区资源可以分为正式资源与非正式资源，也有学者将社区资源分为有形资源与无形资源。美国社会学家休厄尔（Sewell）将社区资源分为人力资源与非人力资源。[1]更多学者从微观角度出发，根据社区资源作用对社区资源进行分类。例如，杨贵华将社区所拥有的资源分为人力资源、组织资源、文化教育资源、社区社会资本等四大类资源。[2]日本学者宫岐清将社区资源分为人、文、地、产与景五种类型。也有学者将自然资源与硬件资源也归为社区资源的范畴，从社区资源划分的角度上针对不同社区资源进行宏观整合。

二、儿童友好型社区建设相关研究

自联合国儿童基金会 1996 年发起儿童友好城市倡议，儿童友好城市和社区建设已成为理论和实践的重点关注领域之一。国内儿童友好型社区研究从 2015 年开始兴起，主要聚焦三个方面：各国支持政策，包括澳大利亚、美国、英国、德国、荷兰、瑞典等国家的儿童友好政策、项目以及儿童权益法律保障；国内城市实践探索，分析比较深圳、上海、长沙、北京等城市儿童友好型社区建设实践，并进行评价；社区空间营造，包括社区公共空间的规划设计、改造，主要从儿童行为心理特征、城市儿童户外空间需求角度，将儿童与空间关联，提出高质量的儿童活动空间营造应满足系统化、激励性、多样性原则，认为儿童公共游戏空间营造应保证儿童的主体性与参与性。现有研究关注儿童参与性和儿童权利保障、儿童友好城市或地区建设经验总结、儿童友好型社区及户外空间设计，较少从儿童需求满足、儿童参与意愿等角度分析评价社区儿童友好建设现状和效果。

---

① 休厄尔. 历史的逻辑——社会理论与社会转型[M]. 上海：上海人民出版社，2012.

② 杨贵华. 社区共同体的资源整合及其能力建设——社区自组织能力建设路径研究[J]. 社会科学，2010（1）：78-84.

（一）关于友好社区的研究

社区与人们的日常生活紧密相连，建设友好社区对居民的幸福至关重要。当前，有关儿童友好型社区建设的研究呈现出以下特点。第一，学者们的研究范畴涵盖了各种类型的友好社区建设，像儿童友好型社区建设、老年友好社区建设、认知症友好社区建设以及生态友好型社区建设等。友好社区建设的出发点往往是为了满足特定群体的特殊需求，进而提升他们的生活幸福指数。第二，关于友好社区的建设路径，学者们大多认为应从物理环境与社会环境两方面进行建设。有学者认为建设老年友好社区有利于实现积极老龄化，社区要支持老年人就地养老的意愿，则需要实现物理环境和社会环境两方面的改变。[①]居住方式、居住环境这两个因素会影响城乡老年人的心理健康，提出在建设老年友好社区的过程中，要注重提升社区环境、改善社区硬件设施、完善社区服务和提供老年优待政策。[②]认知友好社区发展的建立需要全面评估居住环境和社区公共空间中存在的对认知症老年人不利的障碍，并且要尽可能减少这些障碍，同时还需要改善社会文化环境，要尽可能从这两方面同时发力。[③]要实现城市可持续发展的目标，建设生态友好型社区在选址、用地和建设等方面应严格遵循低碳原则。[④]

（二）关于儿童友好型社区建设相关政策的研究

从国家政策方面来看，1992 年，我国以世界儿童问题首脑会议提出的全球目标及《儿童权利公约》为参照，紧密结合我国当时的具体国情，颁布了《九十年代中国儿童发展规划纲要》。该文件指出，"提高全民族素质，从儿童抓起"是中国社会主义现代化建设的根本大计，应在全社会倡导树立"爱护儿童，教育儿童，为儿童做表率，为儿童办实事"的公民意识。这是我国首个以儿童为主体、致力于促进儿童发展的国家行动计划。在此之后，每隔十年，我国便会依据时代的发展状况，陆续发布新的《儿童发展规划纲要》，通过制定和实

① 张佳安. 社区能力建设视角下老年友好社区建设的路径[J]. 西北师大学报（社会科学版），2021（6）：107-119.

② 蒋炜康，孙鹃娟. 居住方式、居住环境与城乡老年人心理健康——一个老年友好社区建设的分析框架[J]. 城市问题，2022（1）：65-74.

③ 孙飞，仲鑫，李霞. 认知症友好社区的建设和发展：中美社区案例的比较分析[J]. 中国护理管理，2019（9）：1295-1301.

④ 高希平. 低碳原则下的生态友好型社区建设研究[J]. 科技资讯，2011（5）：255.

施三个周期的中国儿童发展纲要，为儿童生存、发展、受保护和参与权利的实现提供了重要保障。2020年，儿童友好这一理念被正式写入"十四五"规划，明确将儿童友好城市建设列入重大工程。2021年，国家发展和改革委员会联合22个部门发布《关于推进儿童友好城市建设的指导意见》，提出到2025年，在全国范围内开展100个儿童友好城市建设试点。当前，社会各界越来越关注儿童的全面发展，儿童友好城市建设工作得到很多城市的积极响应。总体来讲，我国在儿童友好型社区建设方面的政策呈现出"中央进行顶层设计、省市负责具体落实"的鲜明特点。

近年来，众多城市踊跃展开积极探索，大力推进儿童友好型社区建设，关于政策的研究也逐渐从"如何进行顶层设计"转向"如何具体执行落实"。最初，学者们注重研究"如何进行顶层设计"，并通过研究联合国发布的CFCI、《儿童权利公约》等，推动国家先后出台关于儿童友好城市和儿童友好型社区建设框架的系列文件，如《关于推进儿童友好城市建设的指导意见》和《中国儿童友好社区建设规范》等，最终确定了制度建设、空间营造等五大儿童友好社区建设板块和19条规范要求。国内城市主动探索儿童友好城市建设，以期申请CFCI认证，为此，学者们开始探究如何落实儿童友好城市建设，他们提出各城市应积极将儿童友好城市（社区）建设纳入城市总体规划，同时应出台科学可行的建设指南。如长沙市争当先行者，将儿童友好城市创建纳入城市规划中，从2018年开始启动三年行动计划,并发布文件明确了儿童友好城市建设的十大具体行动和42项具体任务,同时进行儿童友好型社区试点。[①]

目前，我国关于儿童友好型社区建设的政策研究相对较少，主要是依据联合国颁布的《儿童权利公约》相关规定鼓励儿童参与公民生活，积极推动国内相关政策的研究，实现儿童友好型社区的本地化。国务院于2011年发布了《中国儿童发展纲要（2011—2020年）》，提出了建设儿童友好型社区的目标：改善儿童服务范围、提高儿童工作的服务水平、建立中国儿童友好型社会环境和普遍性儿童社会福利制度。《中国儿童友好社区促进计划》的发布推动了儿童友好型社区在我国由理念走向具体实践。民政部于2013年正式提出了儿童友好城市与儿童友好型社区建设的试点规划，2016年我国成立了社区发展协会儿童友好型社区工作委员会。2021年该委员会发布《儿童友好社区建设指南》。它是我国第一个明确意义上的儿童友好型社区建设的指导性文件，奠定了我国制

---

① 谭鹂，史钰，魏勇刚. 我国儿童友好城市建设的现状与展望——基于四个城市的经验分析[J]. 陕西学前师范学院学报，2021（1）：111-119.

定儿童友好型社区建设的政策基础；同时将从政策、空间、服务、文化友好四个层面对儿童友好型社区的建设提供操作性很强的工作参考依据。①

（三）关于儿童友好型社区建设路径的研究

当前，我国儿童友好型社区建设尚处于初期探索阶段。国内部分城市先后制定政策开展儿童友好城市（社区）建设。对于儿童友好型社区的建设路径，学者们归纳出两种建设方式，即单一建设路径与多元建设路径。单一建设路径聚焦于"社区空间友好建设"，从事该路径研究的学者多来自建筑学、城乡规划、风景园林设计等领域。他们提炼出在社区公共空间更新、户外游戏空间设计、室内公共空间打造及街道空间建设等方面的策略，提出"关注儿童需求、注重儿童参与"的原则。在进行社区公共空间更新时，学者们重视对儿童参与权利的保障，强调要想办法提升儿童的参与积极性，引导他们主动加入社区改造活动中。②儿童友好城市并非由儿童来主导，而是要增强城市对儿童群体的友好程度。城市需要合理规划，以构建安全性强的社会环境，如完善的道路、富有吸引力的游戏场所等。张谊以公园和开放空间、临时游戏空间、街道和人行道等七大空间为例，提出空间设计应考虑便利性、趣味性和挑战性。③

在户外游戏空间设计领域，学者们总结出儿童户外游戏空间的设计策略。游戏在儿童的成长历程中占据重要地位，而游戏空间则是儿童游戏的关键场所。因此，在游乐空间的打造上，学者们提出了安全性与友好性这两个设计原则。至于具体的设计策略，他们大多从增强空间领属性、配置植物、设置水体、加强监控、铺装地面、增加照明等方面着手，既关注儿童的安全保障，又注重提升游戏空间的友好性，由此催生了一批社区儿童微空间与游戏角落。在室内公共空间的打造方面，学者们强调要关注儿童的实际需求，提出空间设计应体现儿童友好元素，要适合儿童开展文体活动以及进行阅读娱乐。基于此，2011年国务院印发《中国儿童发展纲要（2011—2020年）》，启动城乡社区儿童之家建设，截至2021年12月，全国建成儿童之家（儿童中心）32.1万个。街道空间是城市空间的重要组成部分，也是城市规划设计和城市更新改造的重要对象。

① 宋星奇. G区儿童友好社区建设项目的实践研究[D]. 南京：南京师范大学，2021.

② 姜薇薇. 儿童友好视角下社区微更新现状及优化策略[J]. 建筑与文化，2020（2）：162-163.

③ 张谊. 国外城市儿童户外公共活动空间需求研究述评[J]. 国际城市规划，2011（4）：47-55.

①在街道空间建设方面，学者们觉得空间更新还需要交通管制的强力配合，他们提出空间更新应当注重儿童的参与，了解儿童的意见，切实关注儿童的需求，②并积极植入童趣元素。当前，众多城市已积极采纳学者们的观点，比如在学校门口设置减速标语、推行彩色儿童斑马线、打造街道儿童"微空间"等，以此提高街道空间对儿童的友好程度。另外，部分学者在探究儿童友好型交通环境建设时，提出可借鉴国外"步行巴士"的经验，进而提升街道空间的安全性和儿童友好度。③多元建设路径与单一建设路径不同，多元建设路径聚焦于政策、空间、服务友好等的全方位建设，同时考虑物理性环境和社会性环境这两个重要维度，多元建设路径极大地丰富了儿童友好型社区建设的视角。池丽萍提出，若要建设儿童友好型社区，仅仅从社区公共空间规划与更新、改善硬件设施方面入手是远远不够的，需转变单纯关注硬件设施的视角，做到兼顾软件和硬件两种环境，将社区政策、社区服务和文化建设等都纳入其中，设施更新、文化塑造、政策支撑是三个建设路径的重要因素。从软、硬件条件两方面进行考量，硬件条件涵盖规划布局、完善设施、打造空间等，软件条件包括管理、机制、服务与文化等。社区既是物质空间概念，又是一个生活共同体，故而既要关注社区空间结构的营造，也要注重社会结构的建构。徐梦一和蒂姆·吉尔（Tim Gill）等人通过对九个欧美城市进行调研后发现，城市应当切实把握自身的能力和资源状况，因城施策。实践内容可以围绕空间建设、社会活动和政策倡议这三个方面展开，也就是通过硬件的改善、软件的提升以及顶层设计来建设儿童友好城市；有学者也提出了从"政策+服务+空间"层面，三位一体落实儿童友好城市建设，而更为全面的建设路径当属《中国儿童友好社区建设规范》中所提出的五个建设路径。

（四）关于儿童友好型社区建设价值研究

儿童友好型社区的建设是顺应世界发展潮流的举措，在完善儿童教育体系、保障儿童权利、促进社区善治以及推动经济发展等方面都具有现实意义。从社

---

① 卓健，曹根榕. 街道空间管控视角下城市设计法律效力提升路径和挑战[J]. 规划师，2018（7）：18-25.

② 孔俊婷，任家贤，陈天钰. 基于儿童友好的社区公共空间更新策略研究——以石家庄泰华街社区为例[J]. 住宅与房地产，2020（12）：42-43.

③ 李圆圆，吴珺珺. 通过幼儿步行巴士提高社区儿童友好度的研究[J]. 西南大学学报（自然科学版），2018（9）：171-180.

区教育的角度来看，社区能够作为一个连接点，对政府、家庭、社会组织、市场组织等的职能进行优化整合，形成"校、家、社"结合的教育共同体；社区善政价值方面，由此构建的全面实现儿童权利的地方善政体系，可以实现社区治理能力的提升和促进社区的和谐稳定。随着经济的快速发展和生活水平的提高，在日常的生活中儿童越来越依赖电子产品，越来越远离大自然，这导致一些儿童产生心理疾病和问题行为。儿童患自然缺乏症的一个原因是没有为他们专门设计的公共场所，没有把儿童作为社区建设规划的重要参与者和使用者。儿童友好型社区建设应该体现在规划和设计中，必须倾听孩子的心声，全面考虑儿童的需要。李志鹏赞同儿童文学家尼古拉诺索夫的话"最好的城市应该是最受孩子们喜爱欢迎的城市"，以此来指出儿童友好型社区建设的重要性和必要性，他认为追求经济效益下伤害最大的是只能生活在一个成人决定环境中没有发言权的孩子，应以原有儿童成长环境为基础，重点保护儿童活动空间。[①]

第二节　我国儿童友好型社区建设的基本概况

一、我国各地区儿童友好建设数据概览

笔者以儿童友好为主题，在中国知网搜集并统计了全国各地区关于儿童友好建设的文献发表数量，并以此作为衡量各地区对儿童友好建设关注度和研究深度的指标之一。同时，结合国家公布的儿童友好城市建设试点名单，对试点城市的分布及数量进行了详细统计，旨在揭示经济发展与儿童友好建设之间的内在联系。

如图 4.1 所示，截至 2020 年，我国西部地区平均发文量为 6.75 篇、中部地区平均发文量为 6.95 篇、东北地区平均发文量为 7 篇、东部经济发达地区平均发文量为 39 篇。儿童总体友好相关文献的发表量呈现出明显的地域差异，建设程度和地区经济发展大致呈正相关，即经济较为发达的东部地区对儿童友好社区/城市建设的政策响应最为积极，建设成果最为显著，而经济欠发达的西部地区建设儿童友好社区的阻碍较大。

通过整理各省、自治区、直辖市、特别行政区首次入选儿童友好城市名单的批次，可以发现我国第一批试点城市主要集中在经济发达、城市化水平高的

---

① 李志鹏. 儿童友好城市空间研究[J]. 住区，2013（5）：18-23.

地区，如北京、广州、重庆等城市。随着建设工作的深入，第二、三批试点城市逐渐下沉至更多地区，如青海省、海南省、西藏自治区实现了儿童友好建设的广泛覆盖。

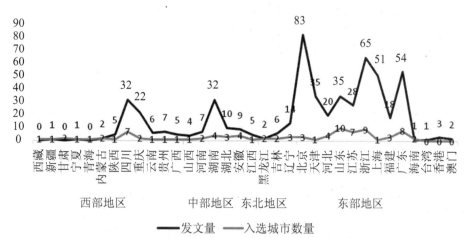

图 4.1　各省、自治区、直辖市、特别行政区儿童友好发文量及试点城市数量统计
（数据来源："托育尚贤院"公众号）

二、我国各地区儿童友好型社区建设的基本情况

我国儿童友好型社区建设正在全国范围内稳步推进。到 2025 年，我国计划在全国范围内开展 100 个儿童友好城市建设试点，以推动儿童友好理念深入人心。预计到 2035 年，全国百万以上人口城市中超过 50% 的城市将开展儿童友好城市建设，并命名约 100 个国家儿童友好城市。这一目标的实现，将极大地提升我国儿童的生活品质和幸福感。[①]

（一）中部地区基本概况

中部地区多个城市积极响应国家号召，出台了关于儿童友好城市或社区建设的政策文件，并明确了建设目标、任务和具体措施。大部分城市注重将儿童友好的理念融入城市公共空间的规划和设计中，通过增设儿童游乐设施，建立

---

① 陈梓阳，付海浒. 建设儿童友好城市视角下中国控烟政策的倡导——三个国际"儿童友好城市"的控烟政策分析[C]//中国控制吸烟协会. 第十一届海峡两岸及香港澳门地区烟害防治研讨会暨第二十三届全国控烟与健康学术研讨会论文摘要汇编. 北京大学新闻与传播学院，2022：1.

儿童图书馆、儿童活动室等方式，为儿童提供更多丰富的学习和交流空间。中部地区的一些城市还积极探索智慧化建设在儿童友好型社区中的应用，如建立儿童健康档案、提供个性化教育服务等。其中，以湖南省建设最好，作为长沙市儿童友好先行先试镇，白箬铺镇创新打造"白箬之光"儿童友好品牌，将儿童友好理念与自然教育有机结合，推进教学改革创新。该镇还积极开展儿童友好"9461"行动计划等实践活动，取得了显著成效。

（二）西部地区基本概况

西部地区儿童友好型社区建设虽然起步较晚，但也呈现出积极的发展态势。部分西部地区如青海省、广西壮族自治区等地已启动儿童友好型社区建设试点项目，并取得了一定成效。由于地域、经济等因素的限制，西部地区整体建设进度和成效相对滞后。新疆维吾尔自治区等地在儿童友好城市建设方面面临诸多挑战，儿童专类公园数量少、设施陈旧等问题亟待解决。由此可知，儿童友好的意识在该地区的普及率较低。广西壮族自治区预计到 2025 年建成 2~3 个试点城市，每个市/区 1~2 个试点社区。儿童友好型社区仍然主要集中在经济较发达的市区，其余城市普及率仍不高。每个地区的儿童友好型社区建设路径都大致相似，例如引入专业力量，与政府、企业、高校合作，提倡儿童自治、建设儿童游乐设施等。

（三）东北地区基本概况

东北地区积极推进儿童友好型社区建设。黑龙江省、吉林省、辽宁省等地均发布了儿童友好型社区建设指导意见或实施方案，明确了建设目标和任务。部分城市如沈阳市、阜新市、营口市等已入选国家儿童友好城市建设名单，并在儿童友好社区建设方面取得了阶段性成效。例如，辽源作为吉林省唯一成功入选第三批建设国家儿童友好城市的城市，全面贯彻"五个友好"理念，深入推进儿童友好城市建设。辽宁省委、省政府高度重视儿童工作和儿童事业发展，在辽宁省全面振兴新突破三年行动中同步推进儿童友好城市建设。辽宁省政府妇女儿童工作委员会办公室等 24 个部门联合印发《辽宁省推进儿童友好城市建设实施方案》，提出 5 个友好方面 26 项重点任务和 5 项保障措施，明确责任分工，推动儿童友好城市建设落地落实。然而，与东部地区相比，东北地区整体建设、推进水平仍有待提升。

（四）东部地区基本概况

东部地区作为我国经济和文化发展的领先地区，对儿童友好型社区建设的重视程度较高。多地政府出台了相关政策和规划，从政策层面为儿童友好型社区建设提供了有力保障。上海市、北京市、浙江省、江苏省等地通过增设儿童游乐设施、优化儿童活动区域、提升绿化覆盖率等措施，为儿童创造了更加安全、有趣、富有教育意义的户外活动空间。上海市非常重视儿童友好型社区建设，希望通过友好社区建设为儿童提供保护服务，以此保障儿童的合法权益不受侵犯。上海市已有多个街镇申创儿童友好型社区。上海市浦东新区惠南镇对公共空间进行了适儿化改造，增设了儿童游乐设施、安全步道、亲子阅读区等。同时，社区还注重绿化和环保，为儿童提供了亲近自然的机会。此外，社区还建设了儿童友好型图书馆，为儿童提供了丰富的阅读资源和学习空间。

（五）南部地区基本概况

南部地区在儿童友好型社区建设领域成效斐然。广州市越秀区率先试点，通过空间改造、增设游乐设施及举办多样活动，为儿童打造安全、有味、便捷的成长环境。例如，在白云街道筑溪街打造了一条 200 米长的儿童友好通学路，设置了止车柱、减速带、警示牌等安全措施，并增设了彩虹互动墙、壁挂游戏等趣味元素，深受儿童喜爱。而深圳市作为全国首批儿童友好城市建设试点城市，积极推动儿童友好型社区建设。深圳市政府出台了多项政策措施，鼓励和支持社区开展儿童友好活动和服务。在多个社区建立了儿童活动中心、儿童图书馆等公共设施，为儿童提供了丰富的学习和娱乐资源。同时，社区还注重培养儿童的参与意识和自主能力，鼓励儿童参与社区治理和志愿服务等活动。红荔社区作为深圳市创建儿童友好城市的首个试点社区，通过整合资源，打造了儿童友好型空间；通过设置止车柱、减速带、警示牌等构建慢行系统，保障了儿童安全出行。社区内布置了色彩明快的儿童游乐设施，如儿童拓展游戏墙、童车小跑道等，丰富儿童的课余生活。同时，海口市和三亚市入选了第三批试点城市建设。海口市也建成了一批儿童友好型空间试点项目，如各类公园 179 个、劳动教育实践基地 16 个、科普教育实践基地 22 个等，为儿童提供了更多亲近自然、活跃身心、研学实践的好去处。

（六）总体概况

我国各地区都在积极探索和实践儿童友好型社区建设，通过政策引导、空间优化、服务提升等多方面努力，旨在为儿童创造一个更加安全、便利、舒适、包容的生活环境。总体来看，虽然我国儿童友好型社区的建设呈现出良好的态势，但其进程与成效却因地而异，显著受到地区经济发展水平的影响。从整体上来看，东部地区因经济较为发达，对儿童友好型社区建设的政策响应最为积极，建设成果也最为显著。相比之下，经济欠发达的西部地区则面临较大阻碍，建设进度相对缓慢。面对地域差异，我国政府正积极采取措施，推动儿童友好型社区建设的均衡发展。西安市作为西部地区的代表，未来十年将在全省率先发展儿童事业，致力于将西安市打造成儿童生存发展的幸福之城、文明之城、友好之城。同时，青海省、甘肃省等省份也将继续加大政策支持和资源投入，推动儿童友好型社区建设的深入发展。在全国范围内，随着国家对儿童友好型社区建设重视程度的不断提升，将有更多政策支持和资金投入，推动全国范围内的均衡发展。特别是西部地区，通过政策引导、社会参与等多种方式，有望逐步缩小与东部地区的差距，实现儿童友好型社区建设的全面覆盖。此外，中部地区和东北地区也在积极推进儿童友好社区建设。山西省、河南省、湖南省、湖北省等中部省份根据自身实际情况制定了相应的发展规划和政策措施；黑龙江省、吉林省、辽宁省等东北地区省份则将儿童友好城市建设纳入重要议程，通过设立试点城市等方式积极推进儿童友好城市建设。

第三节　儿童友好城市社区资源建设实践案例

一、成都市儿童友好型社区资源建设情况

2021年，成都市发布《成都儿童友好城市建设五年行动计划（2021—2025年）》，提出力争到2025年实现儿童友好型社区建设全覆盖。在"1米高度看城市"的理念引领下，成都市儿童友好社区的建设如火如荼，目前已选建4个市级、20个县级儿童友好试点社区，建成279个儿童友好幸福场景，实现"儿童之家"100%全覆盖。金牛区沙河源街道新桥社区、成华区和美社区是成都市两个市级儿童友好社区，也是入选首批"中国儿童友好社区建设试点"的社区。本节以新桥社区、和美社区为例，通过实地走访和调查问卷的方式，了解社区儿童友好建设的现状社区居民满意度，以居民感受和需求为切入点，为成都市儿童友好型社区建设的不断优化提供依据和参考建议。

（一）新桥社区、和美社区儿童友好型社区居民满意度

作者团队于2023年3~5月到成都市金牛区新桥社区、成都市和美社区进行了实地调研，针对社区儿童友好建设的硬件条件（整体环境、儿童活动场所）、软件实力（社区儿童活动等）两个方面，进行现场观察、社区居民随机访谈和问卷调查，了解居民对社区儿童友好建设的满意度，回收有效问卷128份。

1.对儿童友好型社区建设的总体满意度

如图 4.2 所示，超过一半的居民（53.41%）对当前社区有关儿童友好方面的建设感到较为满意，有接近 22% 的居民认为目前所在社区的儿童友好情况非常好，有 21.59% 的居民认为建设情况一般，仅有 3% 的居民认为当前建设情况不太好。调研居民对社区儿童友好建设的总体满意度均值为 3.85。

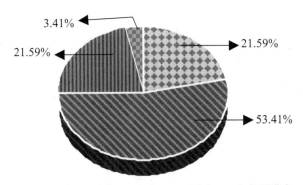

3.41%

21.59%

21.59%

53.41%

● 非常满意　▨ 满意　Ⅲ 一般　▩ 不满意　■ 非常不满意

图 4.2　社区居民对社区总体满意度的评价

从图 4.3 可以看出，调研居民对社区内儿童活动场所的环境美观满意度均值最高，为 4.27；设施丰富情况让居民最不满意，均值为 3.70。满意度均值由高到低排序为环境美观、场地安全、场地空旷、设施维护、设施丰富，调研居民普遍认为社区儿童活动场所的设施种类需要增加，对设施的维护保养需要加强。

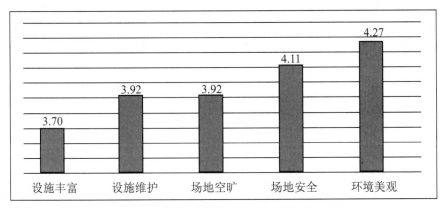

图 4.3　社区居民对儿童活动场所各项满意度均值

由图 4.4 可以看出，社区环境状况的各项满意度得分几乎都在 4 分左右，这说明调研社区总体环境让居民比较满意。其中均值最高的是社区绿化面积，为 4.44 分；得分最低的是环境整洁情况，为 3.48 分，这表明所调研社区的环境维护还有待加强。此外，调研居民对社区内停车区域合理性以及路面宽阔程度这两个指标的满意度也相对不高，均值在 4 分以下，分别为 3.89 和 3.84。

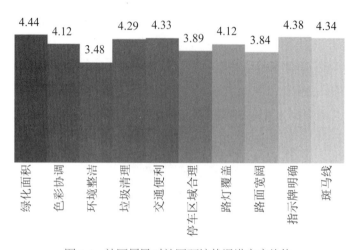

图 4.4　社区居民对社区环境状况满意度均值

2. 两个儿童友好型社区环境满意度对比

由图 4.5 可知，新桥社区与和美社区居民总体满意度差异不大，均值分别为 3.93、3.95。在各具体指标上，两个社区的居民满意度差异比较明显。在设施丰富、环境美观、色彩协调、停车合理、路面宽阔、斑马线分布以及活动相关的方面，新桥社区的居民满意度都高于和美社区；而在场地空旷、绿化面积、垃圾清理、交通便利、路灯覆盖、指示牌等方面，和美社区的居民满意度优于新桥社区。整体满意度是各项数据的总和，两个社区的总体满意度差距不大。

3. 儿童友好型社区的活动满意度

根据以上分析我们不难发现，各社区关于儿童友好型社区的建设，在硬件条件满意度上并无明显差别，且各社区在环境建设等方面的经验也比较成熟，能大致满足社区居民的需求。因此，作者团队进一步从社区建设软实力出发，探究目标社区的儿童友好建设情况。由于社区举办活动也属于社区服务，即属于社区软实力的范畴，从探究社区活动入手，可以有效分析社区服务建设情况。

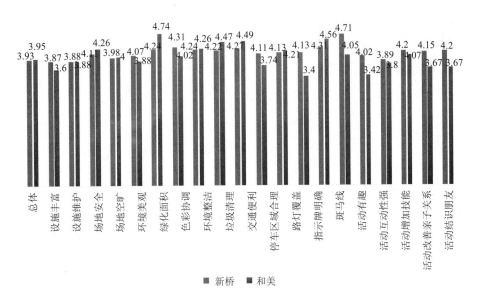

图 4.5 社区居民对社区环境和儿童活动场所满意度

（1）居民对社区活动的价值感知和参与度。

如图 4.6 所示，调研居民对社区举办的各项活动的价值感知普遍较高（均值都在 3.82 以上），从高到低依次是活动增加技能、活动改善亲子关系、活动结识新朋友、活动互动性强、活动有趣。可见，所调研居民普遍认为社区举办的活动具有一定价值，可以给孩子自身和亲子关系带来有利影响，但是活动的互动性和趣味性有所欠缺。

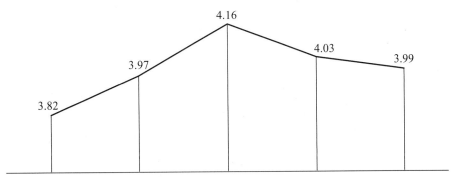

图 4.6 社区居民对社区活动价值的感知

由图 4.7 可知，在调研居民中，79.6%的居民平常参与社区活动的频率较小（包含从不参加、极少参加、有时参加）；仅有 20.4%的居民多次参与到社区活动（包含经常参加、总是参加）。

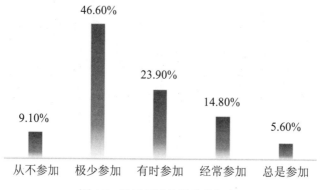

图 4.7　社区居民的活动参与率

（2）两个社区居民对社区活动满意度对比。

如图 4.8 所示，和美社区调研居民参加社区活动的频率高于新桥社区。新桥社区受调查的居民中，有 60%的居民极少参加，15.56%的居民从不参加，仅有 4.44%的居民总是参加。和美社则有超 40%的居民表示经常参加或总是参加，但也有 45.45%的居民从不参加或极少参加社区活动。

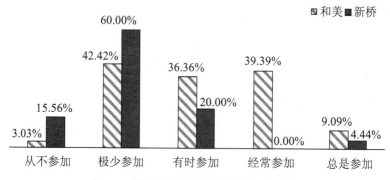

图 4.8　两个社区的居民活动参与度对比

如图 4.9 所示，和美社区居民对各类儿童活动区域的满意度都优于新桥社区。同时，和美社区各类区域建设满意度比较均衡（均在 85%以上），社区居民都能对以上区域有一定的了解。新桥社区的活动区域满意度呈现出较大的差异，运动、休息、阅读、游戏区域的满意度分别为 77%、47%、91%、16%，表明新桥社区在儿童活动区域的建设上还有较大的进步空间。

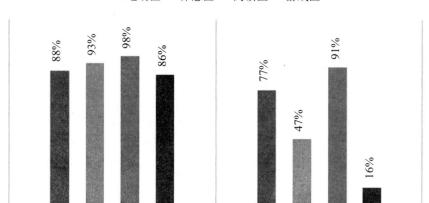

图 4.9　两个社区活动区域满意度对比

（二）成都市儿童友好型社区资源建设的优化建议

1. 强化儿童友好理念宣传

　　儿童友好社区建设能为广大儿童提供更好的成长环境，是新型城镇化和城市高品质发展的重要标志。做好儿童友好型社区建设，需要加深对儿童友好的理解，落实儿童优先和从儿童视角出发。同时，实地调查反映出大多数居民对儿童友好理念不知晓或不明确，儿童友好社区建设中还应对居民加强儿童友好理念的宣传，这样既能获得社区居民更多的理解、支持，也能听取居民建议，为儿童友好型社区的建设提供新思路。

　　居民社区活动参与频率的另一个影响因素是活动宣传方式。笔者调查的社区有两种活动通知形式。一是固定时间，在同一地点举办不同的活动，若居民有参加活动的意愿，直接在规定时间内到达指定地点即可参加。这种活动通知形式会形成信息差，居民在不确定活动是否能吸引自己的情况下，就极有可能选择不去参加活动，致使参与率下降。二是通过公众号发布活动通知等。这类通知形式对信息接收者本身有要求，即不熟悉网络的用户无法接收活动信息。社区活动组织和宣传应充分考虑居民便利性和居民家庭实际情况。

2．重视社区环境条件维护

根据调查结果，两个社区的居民在社区环境、停车区域、儿童活动设施丰富度、设施维护情况等方面的满意度均值都低于 4.0，表明社区在儿童友好环境建设上还需不断提升。作者通过实地观察发现，部分社区都存在儿童活动区域未安装地面软装、设施损坏、翻新不及时等问题，存在安全隐患。需要持续重视社区环境建设，尤其是建设时间较早的社区，更要注重环境的整洁、区域的合理调整和规划、儿童活动设施的更新和维护。

要加强社区各方面的管理，充分利用已有资源，主动对接政府、社会组织等资源，对已有服务再升级，共驻共建，给社区居民一个有趣、便捷、宜居的生活环境。环境改善在儿童友好型社区建设中处于十分重要的位置，成长空间友好和发展环境友好是儿童友好型社区建设的两个重要维度。在开始建设儿童友好型社区时，社区就应该将加强环境改善作为重要项目之一。新桥社区与和美社区近年来在环境优化上投入的精力都较多，作者通过在两个社区的随机走访发现，有超过 90% 的居民都反映近年来社区环境出现了巨大变化，在绿化面积、环境卫生维护、来往车辆监督等方面都有改善。社区居民在感受到社区的明显变化后，对社区的环境评价就会有所提高。因此，两个调研社区的居民对社区环境的满意度总体较高，满意和非常满意超过 75%。

3．注重社区特色的彰显和创新

在建设儿童友好型社区时，许多城市都采用国际上已经实践过的方案，内容非常相似，缺乏特色和亮点。建设过程中应当根据各个社区的地理条件、经济社会环境、人文资源等，进行特色化发展，在儿童友好场景打造、儿童活动组织形式、活动内容设计等方面进行充分创新。例如，新桥社区开展的绘本剧活动，将绘本平面阅读进阶成体验式阅读和立体阅读的创新尝试，使绘本变得鲜活起来，能更好地激发儿童的阅读兴趣。整体实力强、先行探索成果丰硕、具有活动举办经验的社区，可以组建儿童友好型社区联盟，相互学习、共同进步，形成更多有趣、有益、有意义的实践创新。

新桥社区、和美社区的居民对社区总体满意度相近，均值分别为 3.93、3.95，但是在环境、场地、设施、活动等各项指标上的满意度又有所差异。这是由于两个社区都根据自己的基础条件，在儿童友好型社区建设时注重了特色化的发展。和美社区所处区域的开发时间早于新桥社区所处区域，因此便民机构和设施，如交通、托育机构、文化馆及儿童之家等的丰富和完备性会在一定程度上好于新桥社区。这也使和美社区在进行儿童友好型社区建设时，可以做到活动区域种类丰富且建设均衡，方便各种活动的开展，可以在活动过程中满足居民休息等各类需求。此外，和美社区植被多以树木为主，社区内楼盘较多，建筑物密集，道路拥挤，车流量大，居民活动范围受限，不适合举办大型的户外活动。因此，和美社区的活动多为艺术类、阅读类和教育类，例如"红灯停，绿灯行，交通安全"安全教育绘本阅读活动。新桥社区户外空间大，场地平坦开阔，更加适宜居民外出活动，场地内还建有运动器械供居民使用，方便家长儿童进行运动锻炼，社区举办的亲子活动也多为运动型活动。新桥社区致力于打造户外运动型社区，着重打造舒适的、适宜户外活动的场景，在设施丰富、环境美观、色彩协调等方面的居民满意度高于和美社区。

4. 深化儿童参与社区建设

社区会定期组织各种丰富多彩的儿童活动、亲子活动。根据调查，居民对社区活动的参与频率较低，其中一个重要的原因是社区活动的趣味性、互动性不强，满意度均值分别为3.82、3.97。两个社区近一年组织了几十场儿童活动，涉及公益、运动、阅读、文化、教育等多个种类，但是活动形式比较单一，儿童参与策划的活动仅有1项。

2020年暑假，新桥社区组织8岁以上的辖区儿童策划暑期活动，通过小朋友们的"头脑风暴"，以及拟写策划方案大纲、选场地、落实场地，最终落地了一场由小朋友们主导完成的"跳蚤市场"活动。这次活动也充分保障了儿童的参与权、决策权，实现了由为儿童设计到让儿童设计的转变。多让儿童参与活动设计和策划，不仅可以增加活动的趣味性和互动性，让活动最终的呈现效果更好，还能为儿童带来诸多益处，促进儿童友好型社区建设内涵的提升。

5. 考虑场地安全细节设置

调研数据显示，两个社区的居民对场地安全满意度（均值4.11）要略低于对环境美观的满意度（均值4.27）。影响场地安全的一个重要因素是车辆停放。传统的玩耍场地如房前屋后和街区，由于汽车和半公共场所的陌生人增多而变得越来越不安全。大多数居民反映社区内长期存在车辆乱停乱放的情况，社区对车辆停放的管控不到位，车主不自觉遵守秩序给社区居民带来了出行的安全隐患。从对比中可以看到，新桥社区居民对路面宽阔的满意度（均值4.13）是高于和美社区的（均值3.4），但实际上和美社区的路面比新桥社区更加宽阔。根据作者的实地观察，和美社区的车流量和人流量明显大于新桥社区，而且路边停放了许多车辆，使和美社区的居民觉得路面更为拥挤。但是，在有安全隐患的区域放置显眼的指示牌，在活动区域密集放置指路牌，在社区内各路口设置斑马线、红绿灯等能够提高居民对场地安全的满意度。此外，两个社区有关儿童活动场地的安全防护措施都十分完备,比如儿童运动场所的地面都有软装，活动设施的尖锐处都有软包边等,这些对提升居民场地安全满意度有积极作用。

二、成都市儿童友好型社区建设模式

成都市在推动儿童友好型社区建设过程中，十分重视儿童参与和儿童主体性，利用社区地理环境、资源禀赋的特点，开展了多样化的儿童课外活动和实践教育。自然生态景观丰富的社区常常举办户外亲近自然的活动，文化资源充足的社区则多以室内阅读、科普活动、教育讲座等形式的活动为主；社区积极营造丰富的亲子活动场所、趣味体育设施、图书阅览室等儿童活动空间，注重场地安全性和软装设计的亲儿童性和儿童视角。与此同时，各个社区都注重资源链接和整合，通过构建政府、企业、社会组织等关键节点，汇聚多方资源并整合运用于儿童友好建设，形成了政府主导型、政企合作型、企业推动型等三种代表性的运作模式。

（一）政府主导型——以蒲江县为例

2009 年，我国兴起儿童友好城市的创建。2010 年国务院妇女儿童工作委员会办公室起草了《中国"儿童友好城市"的创建目标与策略措施》，鼓励地方政府制定有利于儿童发展的公共政策。2010 年以来，我国出台了多项政策保障儿童的权益。在政策的指引下，各地政府积极响应，由政府主导开展了一系列儿童友好城市建设工作，郑州市、扬州市、北京市、上海市、长沙市、深圳市、武汉市等先后提出建设儿童友好城市的构想或战略，并取得了一定实践效果。2022 年 10 月，四川省多部门联合发布的《四川省儿童友好城市建设实施方案》指出，到 2025 年创建国家儿童友好城市 4～5 个，推动儿童友好理念深入人心，要求四川省政府机关/事业单位加强组织领导，统筹协调儿童友好城市建设工作，按照国家统一部署做好儿童友好城市申报、建设、监测、评估、认定等工作，将具体工作分配到有关政府部门（单位）。

相对于其他社会力量，政府更具有对资源的有效动员和整合能力，对服务的持续供给能力，对建设的有效组织能力和社会影响力，能提高儿童友好城市建设的公众知晓度和参与度。在儿童友好城市建设初期，若缺乏政府的领导，社会力量容易遇到治理结构和运作机制不完善、建设作用不明显、管理制度不完备、组织公信力不高等问题。

政府主导型是目前成都市多个区（市）县儿童友好型社区建设的主要模式，其中蒲江县儿童友好型社区建设就是典型代表。如图 4.10 所示，该地区的儿童友好型社区建设政府是进行顶层设计的主导者，在成都市政府的支持下、蒲江县政府引领、推进下，引入周边高校、企业等资源，探索实施以儿童为中心，政府主导、多元参与、多措并举的治理模式。在整体运作中，蒲江妇联起到了关键性的作用，它向社会组织、企业、学校等传达儿童友好型社区建设文件，下发政策文件；汇集各单位能够提供的资源，集中输入到社区，为社区提供各方面的服务。

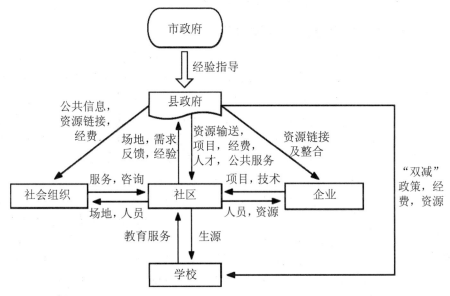

图 4.10　政府主导型儿童友好型社区建设模式

1. 蒲江县儿童友好型社区建设背景

2022 年 4 月 25 日，蒲江县召开了儿童友好型社区建设启动会。会议就 2022 年儿童友好型社区建设工作做了详细安排。会议以"儿童友好城市建设：理念内容和实践探索"为题组织与会人员进行交流，有效促进了基层妇女儿童工作者在儿童权益保障、儿童友好型社区建设等方面的工作。

2022 年 6 月 28 日，蒲江县儿童友好城市建设暨 2021—2030 年"两纲"编制工作推进会顺利召开，该会议审议通过了《蒲江县儿童友好城市建设实施方案（审议稿）》。妇女儿童工作委员会主任、副县长汪涛提出了工作要求：一要提高站位，深刻认识做好儿童友好城市建设和"两纲"编制工作的重要性和必要性；二要通力配合，加强沟通协调，努力推进儿童友好城市建设。

2023 年 10 月 24 日，蒲江县召开 2023 年儿童友好型社区建设工作推进会。县妇女儿童工作委员会办公室对 2023 年儿童友好型社区建设工作进行安排部署，解读了《2023 年蒲江县儿童友好社区建设工作方案》《蒲江县儿童友好镇（街道）、社区奖励办法》，明确建设时间安排、任务要求、考核奖励办法。会议还就建设评审标准、经典案例、实操经验等三个方面开展了业务培训。县妇联党组书记、主席魏蔷提了三点工作要求：一是提高认识，切实增强儿童友好型社区建设的使命感和责任感；二是锚定目标，准确把握工作重点和工作步骤；三是要协调联动，整体推进儿童友好型社区建设。

2. 蒲江县儿童友好型社区场景营造

蒲江县确定从 2023 年 7 月起，将每月第一周周六作为"儿童友好开放日"，为儿童提供公益开放体验活动。2023 年，蒲江县举行"蓉城幸福家·儿童友好义集"主题活动，各社区家庭、儿童友好单位、社会组织等多元联动，营造"儿童友好，点亮美好蒲江"的氛围。通过视频发布了蒲江县少先队校外实践地图，儿童代表还发出了儿童友好倡议。蒲江县妇女儿童工作委员会办公室在巩固现有建设成果的基础上，围绕"六大友好"，继续深化儿童友好理念，持续推进儿童友好城市建设，着力打造一批儿童友好型学校、医院、书店等儿童友好单位，到 2025 年实现儿童友好型社区建设"全覆盖"目标，助力"生态福地 大美小城"建设。各政府部门、社会机构均积极参与到儿童友好城市建设中来。

具有 72 年历史的蒲江县新华文轩，传承着蒲江的文化记忆，为蒲江市民提供了文艺体验空间、生态休闲场所、亲子互动场地，其拥有 400 m² 的畅享阅读空间，4 万余册图书，能满足不同年龄层次读者的阅读需求，更是集图书、咖啡、文具、文创、活动等为一体的文化体验空间，为儿童、学生及其家庭提供专业的阅读产品及文化服务。

蒲江博学书城是集购书、购物、阅读、读书分享、沙龙、讲座等为一体的多业态、多功能的文化交流场所。同时，该书城利用自身在文化、诗歌上的资源，以博学讲堂为平台，开展各种读书活动，每年还定期举办公益绘本读书活动。

蒲江县安全体验中心（城郊型）建于 2019 年年末，设在蒲江县寿安街道政府专职消防救援站附楼第二、第三楼层，约 306 m²，秉承资源整合、全员参与、持续改进、蒲江特色的建设理念，由安全文化宣传事故警示墙、18 个看、听、体验相结合的三维立体式安全体验项目及视频宣教留言墙构成，是安全生产和应急管理宣教的重要阵地，是安全宣传"五进"活动的学习基地。体验中心每年 5 月、8 月第一周周六早上 10：00—11：30 开放参观并举行消防职业体验活动。

与此同时，蒲江县博物馆于 2013 年 10 月建成开放。其依托蒲江县省级文物保护单位——蒲江文庙开设船棺惊现、盐铁重镇、佛光道影和鹤山心香四个专题陈列，点面结合，充分展示蒲江厚重的文化底蕴和历史传承。作为县级地方历史类博物馆，其基本陈列充分展现蒲江独具特色的乡土志，使游客能充分认识蒲江的历史沿革，是展示蒲江历史面貌的文化名片。蒲江县博物馆每年 1 月、4 月、7 月、9 月第一周周六早上 10：00—11：30 开放儿童入馆参观，并提供免费讲解。

国网蒲江县供电公司实践教育基地共有两个展厅。1 号展厅内主要陈列安全工器具，配备电力安全标志、典型事故案例、触电事故 VR 体验设备。2 号展厅主要用于课程讲解，以及配置健身设备。两个展厅在帮助青少年普及电力安全知识的同时，还可以使青少年强身健体。基地每年 6 月、11 月第一周周六早上 10：00—11：30 进行安全工器具展示、触电急救教育、电力安全标志讲解，还开设了触电事故 VR 体验。

甘成茶山位于蒲江县成佳镇麟凤村，交通便利、森林茂密，松林与茶园交相辉映，是田园休闲、松林漫步、农业科普游学的理想之地，同时可以接待 600 人以上。这里有寓教于乐的田园文化体验活动，如茶文化体验（采茶、制茶、品茶、茶文化讲座）、陶艺、采摘野菜、捡拾松果、草木染、草编、竹编、木工、花草纯露、精油提取、种植养殖等农事体验，还有丰富多彩的团队拓展活动等，温馨静谧的松林小木屋能让儿童躺进大自然的舒适怀抱。

（二）政企合作型——以杉板桥社区为例

2021 年 9 月 30 日，国家发展和改革委员会等发布的《关于推进儿童友好城市建设的指导意见》，指出要发动全社会力量共同推动儿童发展。坚持以普惠为导向，鼓励政府、企事业单位、家庭和个人参与，整合全社会的资源以增进儿童的福祉。积极培育为儿童服务的社会组织、专业社会工作者、少先队校外辅导员以及志愿者队伍，发展儿童公益慈善事业，鼓励并支持企事业单位、社会组织和社区等提供普惠托育以及婴幼儿照护服务。探索实施父母育儿假制度，强化家庭科学育儿指导服务。社会与社区，无法脱离人与人关系的连接，不同主体在互动之中建立起信任关系，才能够相互扶持、共同促进。[①]不同主体更为紧密地连接在一起，在推动社区治理的同时，也为社区的发展提供了更为广阔的空间与机遇，从而实现多方共赢。政企合作的模式一方面能有效应对

---

① 魏莞月，杭行. 社会企业参与儿童友好社区的双元价值共创研究——以 TM 早启教育为例[J]. 中国管理信息化，2023（12）：203-205.

儿童友好城市建设中遇到的各种问题，另一方面能激发各种形式的创新。

　　成都市成华区杉板桥社区的儿童友好型社区建设采取的就是典型的政企合作模式（图4.11）。成华区民政局、妇联等不同部门出台相应的儿童友好型社区建设支持政策，实现以宏观儿童友好型社区辐射全局，将家庭、学校、社区三种场景链接起来。区政府扮演着顶层设计者的角色，引导社区资源的整合与分配，提供政策解释和培训，并将儿童友好型社区建设的任务通过公开招标的方式外包给公司运营，由公司去落实包括链接企业资源、引进外部企业、联合学校举办活动、组织社区儿童与公益组织一起举办公益活动等具体事宜，实现政府和企业双联动，形成一种甲方政府、乙方企业的儿童友好型社区建设模式。政府只需要设定目标，提出要求，向企业支付费用，企业将自身资源与政府资源整合起来，将企业资源与社区人文资源结合，以多元集成的形式，更新人们对社区服务的传统印象。这种形式一方面可以集思广益，融合众多现代化建设成果，从众多方案中选择最优方案；另一方面，由政府主导可以保证企业在社区建设的过程中遵循成都市儿童友好型社区建设的相关政策，避免与成都市儿童友好城市建设目标相偏离。

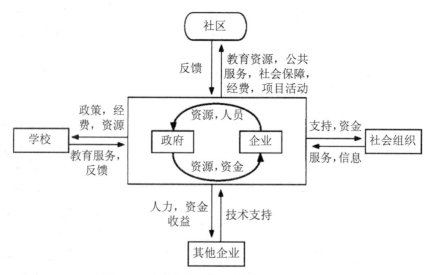

图4.11　政企合作型儿童友好型社区建设模式

1. 杉板桥社区党群服务中心

　　杉板桥社区党群服务中心于2021年5月正式投入使用，总面积为3196.49 m²，共三层，以"三馆一中心"为整体布局，围绕"生命之树"的概念，满足个人扎根于社区生活、寻求提升发展及实现自我价值的多层次需求。一楼为公共服务馆，主要功能包括邻里服务、智慧治理、生活服务及品读教育等。二楼为生活能量馆，主要功能包括亲子教育、创业交流、沉浸体验等。三楼为社区美学馆，其主要功能包括影像艺术、文创体验及影视展演等。

杉板桥社区的儿童友好建设以杉板桥党群服务中心为主要空间载体。党群服务中心既有社区每年拨付的活动经费，也通过积极争取政府项目落地，申报专项项目，申请社会保障金，向社会各方筹集资金等多种方式保障充足的资金；同时，社区与然宇公司协作，创新商业模式，开展助农直播、文创产品直播，为党群服务中心增加附加盈利。党群服务中心既实现了公共服务、形象展示的基本功能，也兼顾了基础的商业效应。

2．杉板桥社区儿童友好活动

一是广泛的社区资源链接。党群服务中心成功链接了五所高校及周边三十余家企业的丰富资源。社区以六大工作室作为重要载体，大力推进政-企-校三方联动，进而在人才培养、创新创业等诸多领域实现深度合作，包括链接专业托育机构为社区居民提供亲子服务；与四川音乐学院及爱乐童声合唱团合作打造社区儿童合唱团，引进教育服务机构，为社区居民提供便捷课程；建设青少年示范研学基地，联合北湖云栖自然教育中心和成华区拾野自然博物馆开展自然课堂；与四川广播电视台共同推出小小讲解员活动等。

二是党群服务中心多元化场景营造。通过主题互动墙，品读中外文化书籍等方式交流中外文化，打造中外文化体验场景；打造亲子成长乐园，设有亲子能量馆、i探索·科学驿站，开设 3D 打印、智能垃圾分类等十余门课程，供社区儿童学习；开展影像美学空间和手作体验活动，营造亲子共享的社区美学场景。

三是便利的托育服务。利用党群服务中心二楼近 600 m^2 的室内外空间，通过引进专业幼儿托育机构解决亲子家庭的托育需求。在社区党委的监督指导下，托育机构以低于市场40%的价格为社区居民及周边产业从业人员家庭提供三岁以下儿童的全方位照护托育服务，目前包含全日托、半日托和临时托三种照护方式。

四是儿童议事会机制。为了更好地推动儿童友好理念融入城市发展，探索儿童友好型社区的有效建设机制，让儿童自由发声，展现创意、想法等，杉板桥社区成立了儿童议事会。2022 年 8 月，杉板桥社区居委会主办了儿童议事会竞选活动，设立了会长、副会长、纪律干事、组织干事、宣传干事、主持人、儿童代表共七个职位。

（三）企业推动型——以麓湖社区为例

在儿童友好概念的普及和企业的社会责任意识不断增强的趋势下，更多的社会力量参与到儿童友好型社区的建设中。由社会力量主导的儿童友好型社区建设有利于儿童多元化发展，为儿童提供更专业、高效的服务，在实现社会价值和经济价值的同时，还能提高社会主体自身的知名度，树立良好的社会形象。其中，企业作为社会资源的重要链接主体，有充分的热情和能力参与社区建设和服务。

自 2016 年《中华人民共和国慈善法》颁布以来，公益创新呈现出前所未有的活跃态势，各式各样的公益活动不断涌现，成功打破了传统公益慈善的界限，形成了极为巨大的社会影响力，一种被称为公益产业的新业态正在形成。政府以购买服务的方式，将财政资源提供给企业以及各类社会组织。而后，这些组织凭借公益服务来达成公共服务的供给，以此提高整个社会的公众受益程度，提升社会福利水平。[1]由企业推动的儿童友好型社区建设能够充分发挥出"企业+公益"的优越性。企业推动型儿童友好型社区建设模式如图 4.12 所示。

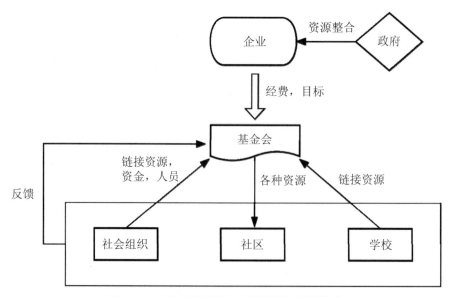

图 4.12　企业推动型儿童友好型社区建设模式

在四川天府新区的麓湖社区儿童友好型社区建设模式中，企业联合了各方

---

① 王名. 中国公益慈善：发展、改革与趋势[J]. 中国人大，2016（7）：40-44.

利益相关者。政府向企业提供政策及资源支持，主要负责支持性、监督性工作。企业在得到政策支持后，成立儿童友好社区建设基金会。基金会的资金来源主要为企业，小部分来自社区募捐。基金会整合多方资源，包括政府、高校、其他企业，比如麓湖基金会的重点项目参与方就包括四川大学、天府新区麓湖小学、麓湖 A8 设计中心、社群联合会、麓湖在地商家等，将来自各组织的资源带入社区，推进儿童友好型社区建设项目发展。

1. 麓湖公园社区

2006 年，成都万华投资集团有限公司启动了麓湖生态城项目。2019 年 12 月，为支持麓湖国际化社区建设，天府新区专门组建了麓湖公园社区治理委员会。麓湖公园社区着力突出"公园+共建共享+品牌活动"特色，充分挖掘和发挥公园城市资源优势，以麓湖社区发展基金会为依托，创新实施儿童友好型社区计划，通过成立麓湖儿童议事会、举行儿童友好社区嘉年华、举办"ISTART"儿童艺术节等系列儿童参与式活动，寓教于乐助力儿童成长。

2. 麓湖社区发展基金会

2019 年 10 月，麓湖社区发展基金会经由四川省民政厅审核批准。该基金会是由成都万华投资集团有限公司推动成立、具有独立法人资格的公益组织。基金会以"推动社区自我管理与服务，促进社区公共管理和活力，塑造社区公民精神，创造社区共同体"为使命，秉持"平等、开放、多元、尊重、包容、协商共进"的价值观，推动实现"永续社区美好生活"的愿景。麓湖社区发展基金会的运营范围包括孵化、培育并扶持服务于社区治理的社区自组织、社会组织、社会企业等；培育社区公益人才、社区志愿者团队等；推动社区公共环境治理；开展和支持与社区治理相关的研究、实践与活动；支持多元化和专业化社会公益、慈善服务；协助做好社区公共空间的营造及运营等。麓湖社区发展基金会下设理事会、监事会、秘书处。理事会由社区代表 6 人、居民代表 6 人、商家代表 6 人、专家学者 5 人、发起人代表 2 人共 25 人组成。监事会由政府代表 2 人、发起人 1 人、居民代表 1 人共 4 人组成。麓湖社区发展基金会的资金来源包括成都万华集团有限公司和社会捐款，每一笔款项均为限定性款项，用于儿童友好型社区建设的不同项目，款项来源和使用名目清晰可查。

3. 麓湖儿童友好型社区建设项目

儿童友好型社区建设是麓湖社区发展基金会的一个重要公益项目，旨在结合社区独特的湖岛环境，经多方资源联动后，逐步向更多人普及儿童友好理念，让儿童的声音被听到、被重视，并引导孩子们走进真实社区并解决社区问题。儿童友好型社区建设主要包括儿童友好论坛、儿童友好集市、儿童友好成长培育、儿童议事会和儿童运动会等子项目。

2021年4月14日，麓湖社区发展基金会发起儿童友好型社区计划，第一个项目就是成立麓湖儿童议事会，根据社区现状及儿童特点制定调研课题和一系列议事活动，促使儿童行使权利、感受民主，参与社区活动，培养儿童的公共意识和社会责任感。在儿童议事会的工作中，议事规则学习和议事讨论两线并驾齐驱。其中，议事规则是儿童议事会最核心的内容。议事讨论则是让儿童从他们熟悉的环境和视角出发，在实践中学习及运用议事规则。

麓湖儿童友好型社区建设论坛于2022年首次举办。论坛由四川省家庭教育研究会指导、麓湖公园社区和麓湖社区发展基金会主办、四川天府麓湖小学和麓湖A4美术馆联合共创，以关注并推动儿童参与社区公共生活的理念为出发点，在驱动制度友好、空间友好、文化友好和服务友好的路上，探索让儿童的声音被所有人听见和理解，使每个人成为儿童友好的参与者和建设者的方法。

儿童友好成长培育体系围绕社会政策友好、公共服务友好、权利保障友好、成长空间友好、发展环境友好、文化体验友好等方面，设计儿童财商教育、儿童美育、自然环保、儿童创意等教育活动。2023年1月7日至8日，麓湖社区发展基金会携手佰特少儿财商，开展为期两天的"游戏化亲子财商引导师培训"活动，助力10名儿童友好成长官，共同赋能儿童友好型社区建设，让儿童财商教育深入社区。

（四）三种儿童友好型社区建设模式对比

三种模式下儿童友好型社区建设的核心差异在于主体的不同。其中，麓湖社区的儿童友好建设主体是万华地产推动成立的麓湖社区发展基金会，该基金会基于打造宜居生态城和永续社区的目标，主动承担起建设儿童友好型社区的责任；杉板桥社区将儿童友好型社区建设的具体工作通过政府采购服务的方式委托给然宇文化执行和落实；蒲江县的实施主体为当地妇联。

主体的不同也带来了三种模式下儿童友好型社区建设方式、内容等方面的差异。麓湖社区儿童友好建设是由企业发挥主导作用，通过基金会的专业化管理和运营，将经济目标和社会目标整合，融合了多样的市场资源，包括吸引具有较高消费能力和追求生活品质的人群购置房产成为社区居民，引入知名艺术、娱乐、建筑品牌共同打造多元化、高品质的社区休闲活动场景、儿童活动场所，以吸引非社区居民参观、游玩、消费等，不断丰富社区资源链接，提高社区活力和影响力。在杉板桥社区儿童友好建设过程中，政府和企业将各自的资源整合再利用，形成了良好的分工合作机制，政府决策保障了儿童友好型社区建设目标的稳定性和持续性，企业运营提高了执行效率。但儿童友好型社区建设的资金来源和使用仍严格遵守政府财政，同时由于这是一种双主体的运作方式，难免存在可能导致沟通和管理成本增加的目标差、信息差。蒲江县采取传统的政府主导方式，能够充分利用县域内的核心资源，开展特色的儿童活动，但是相对而言缺少外部资源链接，在儿童友好型社区建设的理念、场景、活动等方面的创新性不够。

三、儿童友好型社区建设的理性思考

（一）城市治理与儿童友好型社区建设

城市治理与儿童友好型社区建设是相互依存、互为支撑的。城市治理通过提供政策支持、整合资源、保障儿童权利和关注儿童全面发展，为儿童友好型社区的构建奠定了基础。而儿童友好型社区的建设，反过来又丰富和完善了城市治理的内涵，使之更加人性化和具有包容性。通过这种双向互动，可以更有效地增加儿童的福祉，推动城市的可持续发展。城市治理与儿童友好型社区的构建是相辅相成、不可分割的。城市治理涵盖了政府及社会力量在城市规划、社会组织、经济引导以及环境保护等多个层面的策略和行动。在这一宏观框架下，儿童友好社区的建设旨在营造一个支持儿童全面发展的生态环境，通过实施具体政策和活动，满足儿童在成长、参与和表达方面的需求。

城市治理在儿童友好型社区建设中扮演着基础性角色，为儿童友好型社区建设提供必要的政策支持和制度基础。政府通过法律法规确立儿童的基本权利，确保儿童福祉得到维护。以麓湖社区发展基金会的建立为例，它展示了政府如何通过城市治理机制，推动对儿童友好理念的实践。该基金会致力于培养社区自组织、社会企业，促进社区环境的改善，并开展与儿童发展紧密相关的研究与活动，为儿童创造一个更加适宜成长的社区环境。城市治理还强调资源的整合，动员政府、企业、社会组织等多元主体共同投身于儿童友好型社区的构建。麓湖社区发展基金会理事会和监事会成员构成，体现了多元利益相关者的参与，这种结构有助于集中不同领域的专家和资源，共同推进社区建设项目。

同时，城市治理倡导儿童的积极参与和权利的实现。儿童友好型社区的建设重视儿童的声音，鼓励他们参与社区的决策过程和各类活动。麓湖儿童议事会的设立，为儿童提供了实践民主的平台，使他们能够参与社区事务，培养了

儿童的公民意识和社会责任感。这不仅促进了儿童的个人发展，也使城市治理更加符合居民的实际需求。城市治理还需着眼于儿童的全面成长，涵盖健康、教育和娱乐等多个维度。儿童友好型社区通过提供安全的游乐场所、多元化的教育项目和丰富的文化体验，满足儿童的多方面需求。以杉板桥社区为例，其亲子乐园和中外文化体验场景的建设，为儿童打造了一个促进其学习和发展的环境。

（二）城市治理视角下社区治理模式

现代治理理论强调，任何单一的治理主体都难以实现对公共事务的最优化管理。唯有国家、市场及社会组织等各方力量相互配合、协同参与，才能够真正在公共事务领域的管理过程中实现公共利益的最大化。城市治理领域的主流观点从最初的单一化治理和自上而下的治理逐渐转向相互治理，强调治理是一个上下互动的过程，强调治理主体的多元化和协同化，认为城市治理的成功与否，很大程度上取决于是否能正确处理好政府组织与非政府组织的关系。

城市治理离不开政府的积极作为，然而政府也应组织和动员社会力量一同参与城市治理。政府应当明确自身的角色定位，凭借自身的优势地位，培育并支持社会自组织的发育与成长，进而在城市治理中构建起政府与社会之间良好的合作与协同关系。[①]社会力量的参与有利于减轻政府的工作压力和财务压力，激发居民参与儿童友好型社区建设的积极性和创造性，同时，构建政府和社会力量的合作关系，有利于形成良好的建设体系，推动儿童友好型社区建设健康发展。构建完善的儿童友好型社区建设体系，更重要的是政府去动员和组织社会力量，发现和利用社会资源以协同建设儿童友好型社区，政府与社会力量共同承担社区建设的责任，逐渐培养和提高社会力量整合运用社会资源的能力。政府和社会力量相互监督，形成健全的监管体系。企业在社会发展中扮演着不可或缺的角色，是城市中政府之外最有力量的组织之一。企业生存于特定的城市环境之中，需要在城市中运行，其股东、员工和顾客皆在稳定的社会环境中发展。从根本上来说，企业利益与城市利益是一致的。[②]企业可以通过其经济功能与社会功能、商业价值与社会价值的有效统一，促进社会的整体发展。企业参与社区建设，除了带来资金等物质资源，还能将文化、现代经营理念等重要的无形资源嵌入社区建设中，是儿童友好型社区建设共同体的重要组成部分。

---

① 桑玉成. 人民城市治理的主体、权力与体制[J]. 探索与争鸣，2023（12）：11-15.

② 孙荣，葛文佳. 城市治理中的企业社会责任探究[J]. 新视野，2008（2）：38-40.

城市治理视角下，目前常见的社区治理模式主要分为以下三类。

第一，自治型社区治理模式，是由非政府组织发挥作用的自治型或者自洽型社区治理模式，类似的治理模式还有企业家化城市治理，主要依靠非政府、非营利性质的组织或个人主动承担社会责任，主要存在于发达国家。这种社区治理模式形成的根源在于西方国家的社区大多不是行政划分的，而是伴随居民长期的习惯自然形成的，且社区中的非营利组织会组织会议听取居民意见。在这种模式下，社区居民对自己的生活圈有强烈的责任感，能够主动积极地投入社区建设中。这种模式最贴近城市治理共同体理念，在上文提到的三种模式中，麓湖社区的企业主导型儿童友好型社区建设模式最接近这一种模式。

第二，行政型社区治理模式，是由政府影响和控制的行政型社区治理模式，主要存在于新兴工业化国家。这种治理模式依靠政府强制划分行政区域，由政府对社区建设和治理进行统一的规划。政府会设置专门的部门指导、监督和落实政策，各个治理部门都有专属职能，包括财政分配、职工培训、设施建设等。以蒲江县为代表的政府主导型儿童友好型社区建设模式就属于这一种模式。

第三，混合型社区治理模式，是由政府和社会组织共同组成的治理机构，是一种混合型的社区治理模式，又叫公私共同治理，以色列及日本等国的大部分地区都是采用的这种模式。这种治理模式下政府与企业、社会组织等合作，采用共同指导、落实社区建设项目的方式。政府负责政策下达、对各部门开展指导、组织协商、进行监督等；企业负责提供经济支持；社会组织负责资源统筹等。杉板桥社区采取的政企合作型儿童友好型社区建设模式就属于这种。

以上三种社区治理模式各自有明显的特征，从整体来看可以发现，政府的参与程度越高，社区治理的规范程度就越高，但市场活力较低；企业和社会组织参与的程度越高，社区治理越现代化，市场经济更活跃，但是企业活动活跃的地区容易出现市场失灵的危机。为了平衡市场经济与社区建设之间的关系，政府和非政府组织在城市治理的环节中都不可或缺。

第五章

儿童友好视角下的城市图书馆资源建设案例

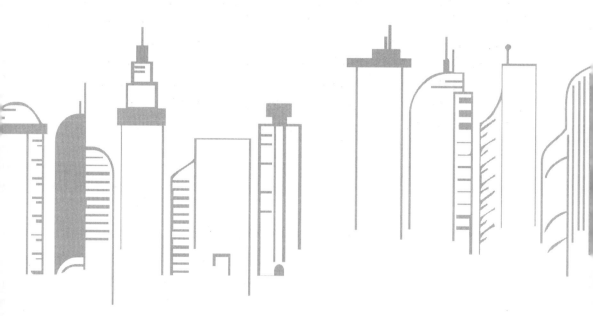

第一节　儿童友好型图书馆建设研究综述

一、图书馆建设的相关政策研究

（一）公共图书馆建设的相关政策研究

公共图书馆是保障儿童基本文化权益的关键阵地，在儿童成长与发展的历程中承载着至关重要的社会职能。我国历来重视公共图书馆的儿童文化服务功能。公共图书馆是儿童文化服务主体，具体可以分为儿童图书馆和公共图书馆中的儿童服务部门。儿童服务在公共图书馆服务中具有优先性、科学性、多样性的特点。

在公共图书馆建设法律法规方面，《中华人民共和国宪法》明确了国家是人权义务的主要主体，少年儿童的人权内容包括尊重儿童生命和人格尊严的价值。[①]国家负有帮助少年儿童在自由与尊严之情景中获得身体、心智、道德、精神、社会各方面之健全与正常发展的义务。[②]

公共图书馆少儿服务源于国家对公民受教育权、文化权等基本权利的尊重和保护，是国家针对少儿基本权利，履行国家义务的应有之义。在公共图书馆少儿服务相关法律法规上，《中华人民共和国公共文化服务保障法》第9条、第10条明确指出，公共文化服务应适应未成年人群体的特点与需求、应与学校教育相结合，这为公共图书馆少儿服务工作确定了基本目标。《中华人民共和国公共图书馆法》中明确了公共图书馆的少儿服务功能，其中第34条、37条、48条和50条都与少儿服务相关，明确规定公共图书馆应当设置少年儿童阅览区域，根据少年儿童的特点配备相应专业人员，开展面向少年儿童的阅读指导和社会教育活动，并为学校开展有关校外活动提供支持。同时，《中华人民共和国家庭教育促进法》第46条、《中华人民共和国教育法》第51条、《中华人民共和国未成年人保护法》第44条、56条、69条都提出公共图书馆中与少儿服务有关的要求。法律条款均为构建从中央到地方的公共图书馆少儿服务规范体系打下了基础。此外，许多地方性法规围绕公共图书馆少儿服务的对象、内容、标准等也做出了相关规定（表5.1），例如《四川省公共图书馆条例》就

---

① 吴鹏飞. 儿童福利权国家义务论[J]. 法学论坛，2015（5）：32-41.

② 管华. 儿童权利的证成[J]. 西部法学评论，2014（3）：40-46.

在第 26 条、28 条中明确规定少年儿童图书馆（阅览室）的设立、基本服务等要求。

表 5.1　公共图书馆少儿服务相关地方性法规①

规范名称	少儿服务条款	内容要点
《安徽省实施〈中华人民共和国公共图书馆法〉办法》（2022）	第 7 条、第 22 条	少年儿童图书馆的设立、少年儿童服务及设施提供
《〈北京市图书馆条例〉实施办法》（2021）	第 9 条、第 10 条、第 11 条	少年儿童图书馆业务指导、设立标准（面积、科技等）
《重庆市公共图书馆管理办法》（2017）	第 8 条、第 22 条	少年儿童图书馆、少年儿童阅览室的设立，少年儿童图书馆与少年儿童阅览室的开放时间
《上海市公共图书馆管理办法》（2015）	第 5 条、第 24 条	少年儿童图书馆（图书室）的设立、开放时间
《湖北省公共图书馆条例》（2022）	第 11 条、第 30 条、第 33 条	少年儿童图书馆的设立，公共图书馆、少年儿童服务区域的开放时间，少年儿童身心特点适宜性考虑，少年儿童服务内容
《山东省公共图书馆管理办法》（2009）	第 7 条、第 14 条	少年儿童图书馆（阅览室）的设立，健全、完善少年儿童服务便利
《浙江省公共图书馆管理办法》（2003）	第 8 条、第 16 条	少年儿童图书馆的设立、开放时间
《河南省公共图书馆管理办法》（2002）	第 2 条、第 12 条、第 14 条	少年儿童图书馆的开放时间、文献要求
《贵州省公共图书馆条例》（2021）	第 34 条	少年儿童阅览室区域面积，少年儿童图书馆的设立
《四川省公共图书馆条例》（2013）	第 16 条、第 26 条、第 30 条	少年儿童图书馆（阅览室）的设立，基本服务，开放时间

① 谭一之. 我国公共图书馆少儿服务的国家义务配置[J]. 图书馆研究与工作,2023（8）：5-11+16.

规范名称	少儿服务条款	内容要点
《广州市公共图书馆条例》（2020）	第 14 条、第 16 条、第 30 条、第 39 条、第 42 条、第 56 条	专业少年儿童图书馆的设立和中心馆、区域总馆少年儿童阅读区域的设立，少年儿童阅读区域占比，文献资源，服务活动，开放时间，交流合作，法律责任
《东莞市公共图书馆管理办法》（2017）	第 14 条、第 16 条、第 45 条、第 47 条	少年儿童服务区域的设立及面积占比，开放时间，公共图书馆与学校图书馆、专业图书馆、其他类型图书馆的合作
《佛山市公共图书馆管理办法》（2021）	第 15 条	少年儿童服务区域面积占比
《乌鲁木齐市公共图书馆管理办法》（2008）	第 11 条、第 24 条	少年儿童图书馆（图书室）的设立

由国家文化部委托中国图书馆学会制定的《公共图书馆建设用地指标》（简称《建设用地指标》），由国家文化部委托中国图书馆学会组织图书馆界、建筑界的专家主编，由住房和城乡建设部与国家发展和改革委员会批准发布的《公共图书馆建设标准》（简称《建设标准》）均于 2008 年正式实施，两份文件首次引入了服务人口的概念，确立了以服务人口为基本依据的公共图书馆建设指标体系。在公共图书馆建设规模分级指标里，《建设用地指标》与《建设标准》按服务人口将公共图书馆的规模分为大型、中型、小型三级，具体见表5.2 所列。

表 5.2　各规模图书馆与服务人口的对应指标

规模	建筑面积/平方米	服务人口/万人
大型	20 000 以上	150 以上
中型	4500～20 000	20～150
小型	4500 以下	20 以下

根据《建设标准》中对公共图书馆的规模分级,《建设用地指标》就不同级别公共图书馆的设置作如下规定,见表5.3所列。

表5.3　公共图书馆的设置原则和服务半径指标[①]

服务人口/万人	设置原则	服务半径/km
≥150	大型馆:设置1~2处,但不得超过2处;服务人口达到400万时,宜分2处设置	≤9.0
	中型馆:每50万人口设置1处	≤6.5
	小型馆:每20万人口设置1处	≤2.5
50~150	中型馆:设置1处	≤6.5
	小型馆:每20万人口设置1处	≤2.5
50~20	小型馆:设置1处	≤2.5

《建设用地指标》规定公共图书馆应秉持在人口集中、交通便利、环境良好、相对安静的地区选址的原则。在公共图书馆建筑面积、藏书量、阅览座位数量指标中,《建设标准》规定我国公共图书馆的建设规模以服务人口数量为基准,依据不同规模图书馆的建筑面积、总藏书量、总阅览座位数量来控制指标和相应的基本指标,见表5.4所列。

表5.4　公共图书馆总建筑面积以及相应的总藏书量、总阅览座位数量控制指标[②]

规模	服务人口/万人	建筑面积		藏书量		阅览座位	
		千人面积指标/(m²/千人)	建筑面积控制指标/m²	人均藏书/(册、件/人)	总藏量/万册、件	千人阅览座位/(座/千人)	总阅览座位/座
大型	400~1000	9.5~6	38 000~60 000	0.8~0.6	320~600	0.6~0.3	2400~3000
	150~400	13.3~9.5	20 000~38 000	0.9~0.8	135~320	0.8~0.6	1200~2400

---

① 中华人民共和国中央人民政府. 我国出台图书馆、文化馆建设用地指标和建设标准[EB/OL]. [2024-3-2].https://www.gov.cn/jrzg/2008-10/20/content_1125959.html.

② 中华人民共和国文化和旅游部.《公共图书馆建设标准》答记者问. [EB/OL].（2008-11-19)[2024-3-4]. https://zwgk.mct.gov.cn/zfxxgkml/zcfg/zcjd/202012/t20201205_915398.html.

续表

规模	服务人口/万人	建筑面积		藏书量		阅览座位	
		千人面积指标/(m²/千人)	建筑面积控制指标/m²	人均藏书/(册、件/人)	总藏量/万册、件	千人阅览座位/(座/千人)	总阅览座位/座
中型	100~150	13.5~13.3	13 500~20 000	0.9	90~135	0.9~0.8	900~1200
	50~100	15~13.5	7500~13 500	0.9	45~90	0.9	450~900
	20~50	22.5~15	4500~7500	1.2~0.9	24~45	1.2~0.9	240~450
小型	10~20	23~22.5	2300~4500	1.2	12~24	1.3~1.2	130~240
	3~10	27~23	800~2300	1.5~1.2	4.5~12	2.0~1.3	60~130

　　《建设标准》在第 22 条中明确规定，少年儿童图书馆的建筑面积指标包括在各级公共图书馆总建筑面积指标之内，可以独立建设，也可以合并建设。独立建设的少年儿童图书馆，其建筑面积应依据服务的少年儿童人口数量按相关规定执行；合并建设的公共图书馆，专门服务于少年儿童的藏书与借阅区面积之和应控制在藏书和借阅区总面积的 10%~20%。

　　在公共图书馆财政投入方面，2021 年，国家发展和改革委员会联合 21 个部门印发了《国家基本公共服务标准（2021 年版）》，积极推动公共服务效能有效提升，要求各地结合实际认真贯彻落实。2023 年 12 月，文化和旅游部、中国图书馆学会、各省级文化和旅游行政部门分工负责，开展第七次全国县级以上公共图书馆评估定级工作，推广文化馆、图书馆总分馆制建设模式，探索城乡新型公共文化空间建设。截至 2022 年年末，全国共有公共图书馆 3303 个，比上年末增加 88 个；从业人员 60 740 人，增加 1439 人。2022 年年末，全国公共图书馆实际房屋建筑面积 2098 万平方米，比上年末增长 9.6%；全国公共图书馆总藏书量 135 959 万册，比上年末增长 7.8%；阅览室坐席数 155 万个，比上年增长 15.4%。2022 年年末，全国平均每万人公共图书馆建筑面积 148.61 平方米，比上年末增加 13.1 平方米，全国人均图书藏量 0.96 册，增加 0.07 册；全年全国人均购书费 1.67 元，增加 0.1 元。具体如图 5.1 所示。

　　除此之外，2011 年国务院印发的《中国儿童发展纲要（2011—2020 年）》中明确提出："在制定法律法规、政策规划和配置公共资源等方面优先考虑儿童的权益和需求。"我国公共图书馆在馆舍设计、阅读资源、专业服务人员等方面应完全遵循儿童优先原则，优先落实图书馆服务资源。

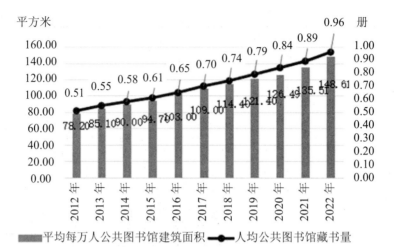

图 5.1　2012—2022 年全国公共图书馆人均资源情况[①]

（二）儿童友好型图书馆的相关政策研究

我国政府十分重视公共图书馆在儿童服务领域的作用。这不仅体现在理论研究层面，更体现在具体的服务实践中。中国图书馆学会作为行业权威机构，专门成立了未成年人服务专业委员会，旨在深入研究、科学指导并全力支持图书馆未成年人服务的高效实施。儿童作为社会发展的基石与未来的希望，已成为公共图书馆服务以及公共文化政策制定的优先考虑对象，其特殊地位与重要性日益凸显。我国少儿图书馆相关政策内容见表 5.5 所列。

表 5.5　我国少儿图书馆相关政策整理[②]

时间	名称	相关内容
2008 年	《公共图书馆建设标准》	首次对少儿阅览空间面积做了量化表述，规定了应根据服务人口的数量来确定阅览空间面积的大小
2010 年	《关于进一步加强少年儿童图书馆建设工作意见》	提出要在政策、经费投入、人才培养等方面予以重点支持，促进少年儿童图书馆事业的快速发展

① 中华人民共和国人民政府. 中华人民共和国文化和旅游部 2022 年文化和旅游发展统计公报[R/OL].[2023-7-13]. https://www.gov.cn/lianbo/bumen/202307/content_6891772.htm.

② 智研咨询. 2020 年中国少儿图书馆运营现状[EB/OL]. 智研咨询，2021-01[2024-10-10]. https://www.chyxx.com/industry/202101/925496.html.

时间	名称	相关内容
2011 年	《中国儿童发展纲要（2011—2020 年）》	确立了儿童优先的服务原则。在此原则的指导下，该纲要指出要不断完善公共图书馆未成年人服务体系，增加社区图书馆和农村流动图书馆数量，公共图书馆内设儿童阅览室或读书角，有条件的县（市、区）建立儿童图书馆
2015 年	《关于加快构建现代公共文化服务体系的意见》	将儿童与农民工群体、农村留守妇女、老人一起作为具有时代特点的特殊群体，要求公共图书馆创造出具有针对性的服务内容与方式，并将学龄前儿童基础阅读促进工作作为图书馆在"十三五"时期的任务部署，凝炼成相关项目并加以落实
2016 年	《中华人民共和国公共文化服务保障法》	未成年人作为公共文化服务的特殊群体被提及，第 9 条规定"各级人民政府应当根据未成年人、老年人、残疾人和流动人口等群体的特点与需求，提供相应的公共文化服务"
2018 年	《中华人民共和国公共图书馆法》	第 34 条指出，政府设立的图书馆应当设置少年儿童阅览区域，根据少年儿童的特点配备相应的专业人员，开展面向少年儿童的阅读指导和社会教育活动，并为学校开展有关课外活动提供支持

2013 年 8 月，四川省第十二届人民代表大会常务委员会第四次会议通过《四川省公共图书馆条例》（简称《条例》），《条例》第 26 条指出，公共图书馆应当设置少年儿童分馆或者少年儿童阅览室（区），有条件的公共图书馆应当设置残疾人阅览室（区）或者阅览专座。在第 42 条中指出公共图书馆应当免费向读者提供基本服务，在 47 条中也提到公共图书馆少年儿童分馆或者少年儿童阅览室，每周应当开放 40 小时以上。该《条例》中分类规定了省、市、县三级公共图书馆的职能，把县级图书馆总分馆制写进立法文本，在县级图书馆设立总分馆，创新建立整合基层资源及公共图书馆服务重心下移的机制。

2021 年 8 月，成都市发展和改革委员会发布了《成都市基本公共服务标准（2021 年版）》（简称《标准》），在第九部分文体服务保障第 96 条读书看报中明确指出公共图书馆要免费对居民开放、引导居民读书看报等。《标准》针对公共服务内容有着具体要求，例如在读书、看报部分就进行了明确规定，见表 5.6 所列。

表 5.6 　《成都市基本公共服务标准（2021 年版）》第 96 条[①]

服务对象	城乡居民
服务内容	公共图书馆、乡镇（街道）村（社区）综合性文化服务中心配备图书、报刊和电子书刊，并免费提供借阅服务
服务标准	县级公共图书馆人均藏书量不少于 1.2 册（件），人均年新增公共图书馆藏书量不少于 0.08 册（件）。乡镇（街道）综合性文化服务中心图书藏有量不少于 5000 册，每年更新图书不少于 200 册，每年组织开展读书活动不少于 4 次；村（社区）综合性文化服务中心图书藏有量不少于 2000 册，每年更新图书不少于 100 册，每年组织开展读书活动不少于 4 次
支出责任	中央、省、市、区（市）县财政共同承担支出责任
牵头负责单位	成都市文广旅局、成都市委宣传部

　　2021 年，成都市提出建设儿童友好城市，建立完善与城市经济社会发展水平相适应的未成年人关爱保护体系。2022 年 1 月，成都市政府发布《成都儿童友好城市建设五年行动计划（2021—2025 年）》（简称《计划》）。《计划》从社会政策、公共服务、权利保障、成长空间、发展环境五大方面，提出 14 项具体行动，力争到 2023 年，建成一批儿童友好型社区、儿童友好单位示范，落地一批儿童友好重大项目；到 2025 年，实现儿童友好型社区建设全覆盖。引入"1 米高度看城市"儿童视角，推进儿童友好理念融入城市规划建设，研究制定儿童友好型社区、儿童友好型学校、儿童友好型医院、儿童友好型公园、儿童友好型图书馆、儿童友好型交通等成都市各领域儿童友好城市建设指引，对儿童友好城市建设各方面做出系统性安排，推进城市建设适应儿童身心发展，满足儿童服务和活动需求。

　　2022 年 3 月，成都市政府发布了《成都市儿童友好城市建设实施方案》（简称《方案》），进一步明确了儿童友好城市建设的路线。《方案》在第一部分重点任务中明确指出要完善儿童友好的社会政策，制定儿童友好城市建设指引。编制儿童友好型社区、儿童友好型学校、儿童友好型医院、儿童友好型公园、

---

　　① 成都市发展和改革委员会. 成都市基本公共服务标准（2021 年版）[EB/OL]. [2021-08-16]. https://cddrc.chengdu.gov.cn/cdfgw/cdsjbggfwbz2021/cdsjbggfwbz2021.shtml.

儿童友好型图书馆、儿童友好型交通等成都市各领域儿童友好城市建设指引，对儿童友好城市建设各方面作出系统性指导。在优化提升儿童成长空间方面，强调要建设儿童文体活动空间。须根据不同年龄段儿童的生理特征与心理需求，优化儿童室内外的环境及空间尺度，在图书馆、文化馆、美术馆、博物馆、体育馆、剧场等文化体育场所，打造充满童趣的文化体育活动空间。在完善儿童友好发展环境方面，强调开展儿童友好示范评选活动，围绕儿童友好型社区、儿童友好型学校、儿童友好型医院、儿童友好型公园、儿童友好型图书馆、儿童友好型企业、儿童友好型街道等开展示范评选活动，宣传典型和先进经验做法。为进一步做好成都市儿童友好型图书馆建设工作，完善图书馆儿童友好服务。2022 年 11 月，成都市天府人文艺术图书馆、金牛区图书馆、成华区图书馆、武侯区图书馆、郫都区图书馆等 5 家图书馆被评选为成都市首批儿童友好型图书馆，并被推荐作为年度儿童友好示范图书馆。

二、儿童友好型图书馆建设研究综述

儿童友好理念近年来越来越受到各界关注。儿童不仅是家庭的希望，更是国家和民族的未来。公共服务的资源支持，是关乎儿童成长的重要课题。2021 年 9 月，国家发展和改革委员会发布《关于推进儿童友好城市建设的指导意见》，提出"到 2025 年，通过在全国范围内开展 100 个儿童友好城市建设试点，推动儿童友好理念深入人心，儿童友好要求在社会政策、公共服务、权利保障、成长空间、发展环境等方面充分体现"，并对我国建设儿童友好城市的总体目标、指导思想、实施路径提出了明确要求。其中，定位为儿童第二课堂的图书馆，在为儿童提供多元化服务的同时，为儿童阅读、学习等方面发展起到重要的推动作用。下面对图书馆相关文献进行了主题和研究趋势分析。

（一）关于公共图书馆的研究

以"公共图书馆"为关键词，作者团队在 2024 年通过中国知网数据库（CNKI）对近十年相关文献进行检索，共检索到 32 519 篇中文文献；再对这些文献材料分年度统计分析如图 5.2 所示。从图中可以看出，自 2013 年开始至今有关公共图书馆的研究发文量总体处于平稳的趋势。作者团队进一步对相关度最高的 500 篇文献的关键词运用 VOSviewer 软件进行分析，分析结果如图 5.3 所示。从图 5.3 可知，目前国内公共图书馆的研究主题主要有文旅融合、读者服务、全民阅读、阅读推广等，近期研究多关注阅读服务、短视频、优化路径等。

总体趋势分析

图 5.2　2011—2023 年我国公共图书馆文献发表趋势

2022 年 10 月，党的二十大报告指出要深化全民阅读活动。目前，有关公共图书馆的研究内容主要有如下几个方面：①各类阅读推广模式运用现状及策略研究；②文旅融合发展、全民阅读等背景下公共图书馆建设及发展现状研究；③各地区、各层级公共图书馆创新型建设路径探究等。

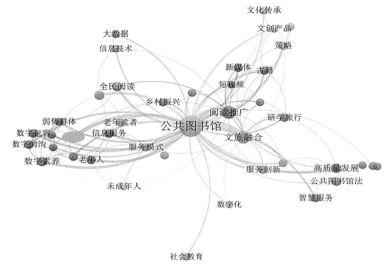

图 5.3　国内公共图书馆关键词研究图谱

（二）关于儿童图书馆的研究

公共图书馆作为文化传播和知识普及的重要阵地，须紧跟社会发展的步伐，不断适应社会发展趋势，积极创新服务模式，努力为社会服务、为人民大众服务。习近平总书记在致首届全民阅读大会的贺信中指出"希望孩子们养成阅读

习惯，快乐阅读，健康成长"。作为公共图书馆的重要组成部分，儿童图书馆
具有重要价值。

中国知网数据库（CNKI）检索到的数据显示（图5.4），2013—2023年，
有关儿童图书馆的研究成果数量总体平稳，主要以阅读推广、服务体系为主要
研究主题（图5.5）。随着我国少儿数字阅读需求的不断提升，移动端正在取代
网页端成为少儿数字图书馆的主流，有关儿童数字图书馆移动端创新的研究不
断涌现。

总体趋势分析

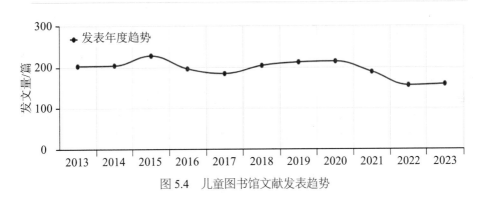

图 5.4　儿童图书馆文献发表趋势

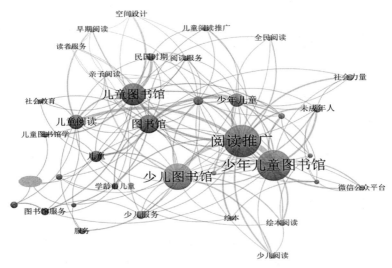

图 5.5　儿童图书馆关键词图谱

（三）关于儿童友好型图书馆的研究

作者团队以"儿童友好型图书馆"为关键词在中国知网数据库（CNKI）中进行检索，仅检索到 23 篇中文文献。近年来有关儿童友好型图书馆的研究数量总体呈上升趋势（图 5.6），作者团队运用 VOSviewer 软件对这 23 篇研究成果进行分析发现，目前国内儿童友好型图书馆的研究内容包括少年儿童服务、少儿图书馆及家庭学习室等。

总体趋势分析

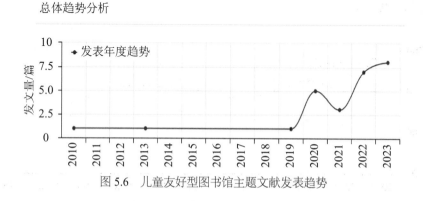

图 5.6　儿童友好型图书馆主题文献发表趋势

第二节　儿童友好型图书馆建设的基本概况

一、我国公共图书馆建设现状

我国图书馆的类型基本上是按主管部门或领导系统划分的，主要有三大类型：文化和旅游部所属的公共图书馆系统、高校图书馆系统、中国科学院所属科学图书馆系统及政府各部门所属研究机构的专业图书馆。此外，还有企业或公司图书馆、工会图书馆、少年儿童图书馆、中小学图书馆、社会（街道）图书馆和农村图书室等。

公共图书馆系统包括国家图书馆，省（自治区、直辖市）、市图书馆，县（区）图书馆等，它们均承载着为科学研究提供助力及面向大众普及知识的双重职责。在推动国家政治文明进步、经济发展繁荣、科学技术创新、文化多样传播及教育事业蓬勃发展等方面，发挥着举足轻重的作用，对于提升全民族的科学文化素养具有不可替代的重要作用。相较于其他类型的图书馆，公共图书馆更贴近广大读者，对多数读者而言，其教育作用更为显著。由此可见，公共图书馆在整个图书馆系统中具有重要的地位。国家统计局调查数据显示，2018—2022 年,我国公共图书馆发展规模整体呈上升趋势,数量从 3176 个增长到 3303 个,五年时间增长 127 个。其中 2021—2022 年就增长了 88 个,同比增长 2.5%。具体变化如图 5.7 所示。

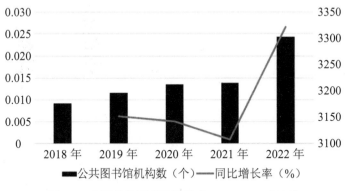

图 5.7 全国公共图书馆数量（2018—2022 年）[①]

从公共图书馆服务情况上看,2018—2022 年公共图书馆总藏量和从业人员数量均呈上升趋势；其中公共图书馆藏书增长率达到 24%,藏书量从 2018 年的 103 716 万册增加到 2022 年的 135 959 万册（图 5.8）。但受多种因素影响,公共图书馆图书流通人次在 2019—2020 年呈现下降趋势,之后又缓慢上升。

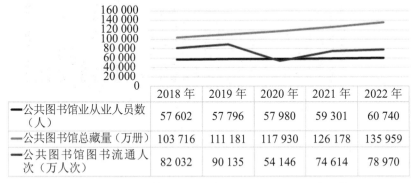

	2018 年	2019 年	2020 年	2021 年	2022 年
——公共图书馆业从业人员数（人）	57 602	57 796	57 980	59 301	60 740
——公共图书馆总藏量（万册）	103 716	111 181	117 930	126 178	135 959
——公共图书馆图书流通人次（万人次）	82 032	90 135	54 146	74 614	78 970

图 5.8 全国公共图书馆基本情况（2018—2022 年）[②]

① 国家统计局.中国统计年鉴. 2019—2023[EB/OL]. [2024-3-1]. https://data.stats.gov.cn/easyquery.htm?cn=C01.

② 国家统计局. 中国统计年鉴. 2019—2023[EB/OL].[2024-3-1]. https://data.stats.gov.cn/

从公共图书馆层级类别来看，截至 2022 年我国共有国家（中央）图书馆
1 个，省级（包含自治区、直辖市）公共图书馆 37 个，地市级公共图书馆 393 个，
县级公共图书馆 2872 个、县图书馆 1500 个。如图 5.9 所示。

图 5.9　全国公共图书馆层级数量（2022 年）①

从公共图书馆区域分布来看，数量排名第一的是四川省，全省拥有公共图
书馆数量高达 209 个。受多种因素的影响，公共图书馆数量较少的省（市）主
要是北京、天津、上海，这三个省（市）各仅有 20 个公共图书馆。具体情况如
图 5.10 所示。

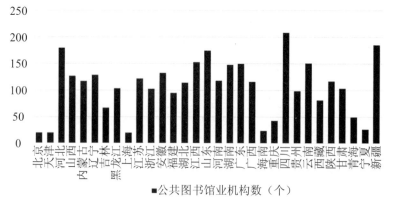

图 5.10　各省、自治区、直辖市公共图书馆数量（2022 年）②

easyquery. htm?cn=C01.

①　国家统计局．中国统计年鉴．2023[EB/OL]．[2024-3-1]．https://data.stats.gov.cn/
easyquery.htm?cn=C01.

②　国家统计局．中国统计年鉴．2023[EB/OL]．[2024-3-1]．https://data.stats.gov.cn/
easyquery.htm?cn=C01.

二、我国少儿图书馆建设现状

自 2010 年以来,全国各级各类公共图书馆少儿阅览室和独立建制少儿馆的数量显著增加。截至 2020 年年底,我国独立建制少儿馆已经增加到 146 家,建成分馆 1319 家,各地公共图书馆普遍提供少儿阅览服务;2018—2020 年少儿图书馆发展迅速,少儿图书馆数量在 2020 年达到 146 个;2020 年以后少儿图书馆数量减少,但在 2022 年又开始出现逐步上升的趋势。如图 5.11 所示。

从少儿图书馆基本服务的情况看,少儿图书馆从业人数整体呈增长状态。伴随着相关政策利好,各级政府对少年儿童课外教育的重视,在人力、物力、财力上的支持力度均有所加强,少儿图书馆机构数量也持续增加。2020 年少儿图书馆的从业人员达到 2623 人。少儿图书馆图书总藏量也在 2020 年达到 5748 万册。2020 年后,少儿图书馆数量稍有下降,少儿图书馆从业人员和藏书量也稍有下降。与这两项数据相反的是少儿图书馆图书流通人次,由于受到重大公共卫生事件的影响,少儿图书馆图书流通人次在 2018—2019 年不断增长,在 2020 年急速下降,由原来的 3789 万人次变为 3048 万人次。在 2020 年以后,图书流通人次又逐步上升。截至 2022 年,我国少儿图书馆图书流通人次已达 3583 万人次。如图 5.12 所示。

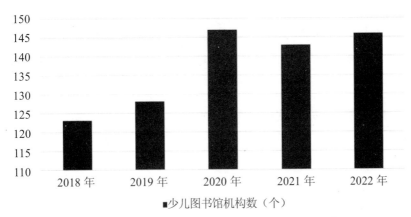

少儿图书馆机构数(个)

图 5.11 2018—2022 年全国少儿图书馆机构数量[①]

---

① 国家统计局. 中国统计年鉴. 2019-2023[EB/OL]. [2024-3-1]. https://data.stats.gov.cn/easyquery.htm?cn=C01.

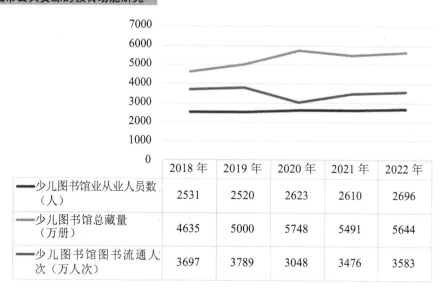

	2018 年	2019 年	2020 年	2021 年	2022 年
——少儿图书馆业从业人员数（人）	2531	2520	2623	2610	2696
——少儿图书馆总藏量（万册）	4635	5000	5748	5491	5644
——少儿图书馆图书流通人次（万人次）	3697	3789	3048	3476	3583

图 5.12　2018—2022 年全国少儿图书馆基本服务情况[①]

　　2023 年 2 月，中国互联网络信息中心发布的第 49 次《中国互联网络发展状况统计报告》显示，我国未成年网民已达 1.83 亿，互联网普及率为 94.9%，远高于成年群体。其中，小学生互联网普及率达 92.1%，学龄前"触网"比例达 33.7%。互联网是当代未成年人重要的学习、社交、娱乐工具，互联网阅读成为未成年人普遍的阅读方式。在数字服务方面，截至 2020 年年底，全国少儿图书馆馆区拥有计算机近 9 千台，较 2010 年增长 73.2%；电子阅览室终端设备近 5000 台，较 2010 年增长 67.2%，计算机台数在 2020 年达到高峰，接近 1.4 万台。为满足小读者的数字阅读需求，全国许多公共图书馆都做出了数字化方面的尝试。全国少儿图书馆举办展览数整体呈上升趋势，其中 2021 年达到顶峰 2945 个。

　　目前，成都市在儿童友好型图书馆建设上整体情况较好，作者团队选取成都市范围内的儿童友好示范图书馆及其他各省市有代表性的儿童友好型图书馆进行详细调查。在四川省的 5 所儿童友好示范图书馆中，天府人文艺术图书馆修建最晚，建筑面积最大、阅览座位最多，是目前成都市儿童友好型图书馆中最大的少年儿童阅读与活动中心。广东省深圳市少年儿童图书馆的藏书量最大，

---

　　① 国家统计局. 中国统计年鉴. 2019—2023[EB/OL]. [2024-3-1]. https://data.stats.gov.cn/easyquery.htm?cn=C01.

并且深圳市制定了《深圳市儿童友好型图书馆建设指引》。建成时间最早的是上海少年儿童图书馆，它是目前国内体量最大的一个省级图书馆。

第三节　儿童友好型图书馆建设案例分析

一、成都天府人文艺术图书馆

天府人文艺术图书馆位于成都市金牛区，建筑面积 32 000 m²，有阅览坐席 2000 余个，设计藏书量 80 万册，为成都图书馆主题分馆。天府人文艺术图书馆由书山区、人文艺术馆、数字展示区、视障读者阅览室、少儿阅读中心等组成。天府人文艺术图书馆在融合文创元素、人文艺术理念、美学生活场景等方面，集中体现了全民阅读城市所蕴含的文化底蕴，彰显了书香成都的优美图景，突显出天府文化气质。少儿阅读中心专为儿童提供阅读服务，占地面积超 1000 m²，是目前成都市公共图书馆中最大的少年儿童阅读与活动中心。该图书馆的儿童友好理念主要体现为以下几点。

（一）以儿童需求为导向，创造高质量阅读环境

环境对儿童的发展具有至关重要的影响，如行为主义学派创始人华生（Watson）提出的，为儿童提供良好的环境能够促进儿童的发展。天府人文艺术图书馆少儿阅读中心，从儿童视角出发进行风格设计，基于儿童天性活泼、好动、专注力较弱的特点，将少儿阅览中心设在场馆的 1 楼，阅读空间宽敞明亮而又方便进出，受到儿童及家长的欢迎。少儿阅读中心分为绘本迷宫、亲子中心、作业园地、小小剧场、少儿借阅区。整个阅读中心整体色彩明快、温馨活泼，馆内设施设备崭新且富有童趣，每个区域划分明确，既能激发孩子对阅读的兴趣，又能满足孩子活泼和爱探索的天性。其中，绘本迷宫区以圆弧形拱门作为书架，放置图书以适合 3 岁以上儿童阅读的绘本为主，外侧则布置了充满儿童趣味性的彩色动物座椅，可供儿童与家长在此共读或休息，整个绘本区域充满了迷宫式的氛围，阅读氛围较为浓厚。

从馆藏资源来看，少儿阅读中心书籍涵盖中英文纸质书籍，其中，亲子中心的书籍以适合低幼孩童阅读的玩具书、翻翻书等为主；作业园地的书籍以适合学龄儿童阅读的教辅类图书、适合家长阅读的亲子教育类图书为主；少儿期刊区则放置了约 140 种适合儿童阅读的期刊。整个少儿阅读中心有适合低幼宝宝的翻翻书，也有适合学龄前儿童的绘本，还有学龄儿童可以阅览的童话书；

117

少儿借阅区的书籍则涵盖了哲学、法律、军事、文学、天文、体育、艺术等类别，可供儿童选择的书籍种类十分丰富。

（二）以儿童发展为起点，赋予儿童参与管理权利

建设儿童友好型图书馆的关键之一在于实现儿童平等利用图书馆的权利。从传统公共图书馆的服务理念来看，儿童尤其是幼童，并不是公共图书馆的受众，部分管理者认为儿童容易妨碍其他读者利用图书馆资源，并且不利于管理。天府人文艺术图书馆则为儿童单独设立了少儿阅读中心，较好地保障了儿童平等使用图书馆的权利。与此同时，该图书馆还为广大儿童提供了实践的机会，每年暑假该馆都通过"小馆员成长行动"和"小手拉大手"亲子志愿者活动等招募小馆员，让儿童在志愿活动中丰富假期生活，获取更多知识，并提升个人综合能力。报名参加的小馆员经过专业培训，在面试等环节选拔后"持证上岗"，参与图书管理和排架工作、维护阅读空间的秩序、劝导读者的不文明行为，帮助读者更好地使用图书馆资源，并解答他们的疑问。

在此实践过程中，儿童不仅能提升自身的实践能力，而且对图书馆也产生了一定的归属感。小馆员感受到因为他们的热忱服务，图书馆变得更加美丽，这在一定程度上培养了他们的社会责任感。天府人文艺术图书馆还会为参与的儿童授予"优秀小馆员"等称号，对他们表示充分的肯定与鼓励。图5.13所示为小馆员协助读者借阅书籍。

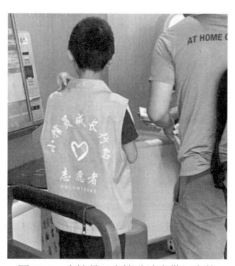

图5.13　小馆员正在协助读者借阅书籍

（三）以儿童兴趣为出发点，提供多样化服务

多样化服务是图书馆多元文化服务的基本要求，也是保证儿童平等使用图书馆的基本途径。天府人文艺术图书馆为儿童提供的免费服务项目包括纸本文献及电子书刊的阅览及外借、少儿数字体验设备、阅读指导、社会实践，以及各类阅读推广活动等。该馆还为儿童开启了少儿听书机借阅服务，旨在为孩子们提供一种身临其境的阅读方式。除数字体验设备服务外，该图书馆目前已开通在成都市 22 家公共图书馆及分馆"通借通还"服务，以及"借书外卖"服务，读者只需线上下单便可在家收到想要阅读的书籍，阅读后归还至离家最近的 22 家公共图书馆即可，以满足不同年龄、心理状态及信息素养水平儿童的信息需求和服务诉求。另外，在少儿阅览中心入口左侧，备有一台智能机器人"小图"和两台卡通智能借还机，"小图"可以帮助进行天气查询、图书馆简介、智能服务等；图书馆同时提供了两台借还机，供儿童区专用，所有儿童区的书籍借还都可通过其进行操作。馆内也配备了同龄的馆员及志愿者为需要帮助的儿童提供引导，使得儿童在馆内获得较好的阅读体验。

（四）以儿童需求为视角，彰显多元化功能

儿童作为数量庞大的特殊群体，其需求受到了社会各界的关注和重视。少儿图书馆的多元化功能应当满足儿童学习、阅读、成长等多方面的要求。如何为小学生提供教育协助也成为少儿图书馆需要考虑的问题。天府人文艺术图书馆少儿阅读中心设有"作业园地"，适宜的采光及配套使用的桌椅、台灯，为儿童完成作业提供了较好的硬件条件。除此之外，少儿借阅区的圆弧形书架高度充分考虑了儿童的身高情况，最高层书架高度不超过 1.6 m；每个书架的每一层都安装了智能感应灯，走到书架前时 4 层灯光自动亮灯，方便儿童取阅书籍；书架之间的过道宽度适中，书架上放置的书籍数量也较为合理，能在一定程度上避免多名儿童同时取阅书籍而造成拥挤、混乱的现象。广受儿童欢迎的还有入口右侧的两台橙色大屏幕显示器，儿童可在该显示器上玩益智游戏和画画，达到放松的目的。

（五）以儿童爱好为启示，融入阅读系列活动

丰富的阅读活动更能激发儿童对于阅读的喜爱。儿童友好型图书馆的一大特点即能根据少年儿童的年龄和文化程度，考虑儿童利用图书的特点，并注意根据儿童的兴趣爱好开展多样化的活动。例如，可采取故事会、朗诵会、读书读报、征文、文艺集会等多种形式的活动，吸引儿童阅读和利用图书馆。天府

人文艺术图书馆定期发布阅读推广活动，儿童及家长可采用线上报名的方式参加。自 2023 年 6 月起，图书馆正式开启"成图·喜阅童行"少儿品牌活动，图书馆每月通过图书馆公众号、官网等线上平台及线下展板等提前发布本月活动主题及参与儿童年龄段、活动时间、地点等信息，方便家长根据儿童兴趣、爱好、需求做好相应安排。活动主要围绕阅读、科普、传统文化普及等内容，策划实施"成图·喜阅童行之阳光课堂""成图·喜阅童行之科学探秘"等系列活动，为儿童提供涵盖中华传统节日文化、心理健康、考古、环保、科技等主题活动，培养青少年儿童阅读的兴趣和爱好，引领他们健康成长。

二、上海少年儿童图书馆

上海少年儿童图书馆（简称"上少图书馆"）是隶属于上海市文化和旅游局的省级公共少儿图书馆，2018 年 8 月被评定为国家一级图书馆，是上海地区少儿文献资源中心、少儿阅读推广与指导中心。该图书馆前身为 1940 年筹办的上海儿童图书馆；1952 年 10 月由上海市人民政府接管后改名为上海市立儿童图书馆，1958 年改名为上海市少年儿童图书馆；2018 年 12 月开始筹建上少图书馆新馆（长风馆），并于 2022 年 7 月 19 日正式开放，自此图书馆"一馆两址"（南西馆+长风馆）同步运行。截至 2022 年 12 月，上少图书馆总建筑面20 245 m²，设有 10 个部门，馆藏中外少儿文献 110 余万册（件），其中以 1922 年创刊以来的《小朋友》周刊、民国少儿书刊独具特色。上少图书馆是国内体量最大的省级少儿图书馆，同时是全国收集少儿出版物语种最多的省级少儿图书馆。长风馆以学习、分享、创造为建设理念，为全市少年儿童提供公共图书馆服务。

（一）以儿童为本，打造儿童友好型阅读空间

1. 创新打造阅读环境，发展儿童阅读高阶能力

从选址来看，上少图书馆建设选址于普陀区长风商务区，绿地南面毗邻苏州河，有天然的亲水平台，具有视野开阔、绿色亲水、动静相宜、交通便利等优势。场馆内部设计提倡"以孩子为本"，不仅让孩子们在此阅读，更能让孩子们在这里学会阅读和喜欢上阅读。上少图书馆采用分层阅读布局，馆内拥有开放式的内部动线，呈现有趣而复合化的阅读空间。四层楼的建筑按年龄从低到高，满足幼儿、儿童、青少年不同的借阅需求。阅读的楼层随着年龄增长而增高，寓意着孩子的茁壮成长。通过分层的阅读环境创设，打造各种引领阅读方式的多维度概念。在动静分区、大小空间有序组织的基础上，形成一个个自

由而开放、有趣而复合化的体验性阅读空间。馆内处处体现对孩子的悉心呵护：一反彩虹色系的常见设计，以白色和绿色为主基调，契合以书为本的环境，安抚儿童的情绪；幼儿区书架以 2～3 层为主，保证孩子和家长的视线不被遮挡。根据不同年龄段需求，各层公共空间设置各类阶梯式阅读交流空间，层层递进。上少图书馆的建筑空间设计是对儿童图书馆未来的探索，也是从"书的图书馆"向"人的图书馆"的转型示范。

2. 多类别馆藏资源，满足儿童多样化阅读需求

丰富的馆藏规模能够赋予少儿更多的成长活力，上少图书馆着重于构建少儿与书籍的情感联系，培养少儿良好的阅读习惯，结合 0～16 岁少儿的求知需求，该馆多元化地建设少儿文献资源，在稳定数量规模的基础上，提高书籍质量。[①]在全面采集适合少儿阅读文献的基础上，继续加强特色文献资源建设，构建起儿童阅读"新天地"。经过 3 年发展，该馆的文献储备近 53 万册，其中外文及港台原版图书近 4 万册，盲文图书约 600 册，除英文外的多语种图书约 1500 册，是目前全国收集少儿出版物语种最多的省级少儿图书馆。该馆馆藏文献涵盖丛书、图书、期刊、报纸等，包括中文引进版国际获奖作品、主题书目、签名本图书、外文获奖童书、童书作家获奖作品及捐赠文献。在馆内还打造了童书森林、童年书房、童游世界等三大展览空间，通过数字化场景应用，全景式地反映我国百年童书成果、精神风貌和进程。以"百年童书"搭建代际情感和品德教育的纽带，通过经典的童书传承理念，聚焦于新时代少年儿童价值观培育，拓展图书馆阅读资源，推动优质馆藏资源更好地"走出去"，让儿童阅读推动全民阅读，融入市民生活。

（二）营造全民阅读氛围，普及儿童阅读推广服务

从少年儿童图书馆的品质来说，服务群体的特殊性要求少年儿童图书馆把握正确政治方向、导向，保持针对性与敏锐性。为少年儿童"扣好第一粒扣子"，让社会主义核心价值观的种子在儿童心中生根发芽，是公共图书馆的艰巨任务与光荣使命。

1. 探索"儿童友好+文旅融合"新模式，拓宽儿童文化服务圈

公共图书馆本身具有第二课堂的性质，学校和图书馆的作用相辅相成，这

---

① 韩怡华. 省级少年儿童图书馆的功能定位——以上海少年儿童图书馆新馆为例[J].内蒙古科技与经济，2019（1）：118-120.

种互补不仅体现在借阅图书上，还体现在其能缓解学校师资力量和课时不足等问题，给孩子更宽裕的时间、更多的机会去探索。[①]上少图书馆秉承"一切为了孩子、为了一切孩子"的服务宗旨，以"儿童优先"为工作原则，满足广大少年儿童的精神文化需求。暑假期间，该馆会联合各区公共图书馆以"阅读·悦想象"为主题，推出阅读系列活动，市、区两级公共图书馆以书为媒，以阅读为载体，通过主题活动、少儿讲座、阅读推广、阅读竞赛、教育培训、科普园地、演出展览、影视剧场、志愿服务等九大板块近 200 项阅读活动，营造浓郁的少儿阅读氛围，为广大少年儿童的健康成长带来更多可能。此外，该馆广泛开设各类主题展、成长展、阅读展以及户外研学活动，致力于以知识激发无穷想象，陪伴少年儿童度过欢乐、有趣的假期，最终达到以阅读助力少儿成长，以书香助力城市建设的目的。

2. 创新图书馆服务形式，扩大服务覆盖范围

党的二十大报告中指出，中国式现代化是人口规模巨大的现代化，是物质文明和精神文明相协调的现代化。为使更多少儿读者和家长享受方便快捷的公共图书馆服务，上少图书馆以各类优质服务提升读者的阅读体验，如策划推出"蜜宝来了"馆外服务项目，旨在将图书办证服务、咨询服务、阅读推广送进景区、校园、社区、医院、地方企业、文化和艺术场馆等，将公共文化服务延伸至"最后一公里"，扩大阅读服务范围，号召更多儿童参与到阅读中。同时，上少图书馆还与国家图书馆少年儿童馆进行合作，推出优质新书推荐项目"四季童读"，联合发布推荐书目；开设上少图云展等数字云端线上阅读活动，以互动展、VR 展、图片展等类型的线上展览，将阅读推广活动影响力辐射多个省、自治区、直辖市，吸引更多儿童通过丰富的体验参与到阅读活动中。

（三）出台图书馆推广制度，提升场馆服务质量

公共图书馆是文化发展的前沿阵地，承担着大力推广全民阅读的重要使命。图书馆服务的标准化与体系化是新时代图书馆事业建设的主要目标。2011 年12 月，中华人民共和国国家质量监督检验检疫总局、中国国家标准化管理委员会发布《公共图书馆服务规范》，作为我国图书馆领域的第一个国家标准，它使各级图书馆服务工作变得有规可循。少年儿童作为公共图书馆服务对象中的特殊群体，关系到我国未来发展前途和民族命运，因此，亟需填补当前我国图

---

① 崔卓缘. 基于"儿童友好"与"专业支持"的图书馆探索——以上海少年儿童图书馆"空间认知"课堂为例[J]. 福建教育，2020（40）：7-9.

书馆少年儿童服务标准规范缺乏这一空白。①践行"一切为了孩子、为了一切孩子"服务宗旨，上少图书馆联合国家社会科学重大项目"图书馆阅读推广理论与实践研究"课题组，编制了《上海地区儿童图书馆阅读推广服务指南（系列）》，其框架如图 5.14 所示，指南中根据 0～3 岁、3～13 岁、13～18 岁和特殊儿童的特点，实行分级分类，从服务资源、内容、空间等多个角度，为图书馆工作人员、志愿者以及相关机构提供一份阅读推广实操手册，丰富并深化了图书馆的少年儿童阅读推广活动，推动公共图书馆少年儿童阅读推广朝着优质、高效、安全的方向发展。

图 5.14　上海地区儿童图书馆阅读推广服务指南（系列）框架

（四）赋予儿童参与权利，共建儿童友好型图书馆

1. 增加儿童志愿服务，增强儿童归属感

为充分发挥图书馆的社会教育职能，培养少年儿童的志愿服务精神、提高少年儿童社会实践能力，保障儿童参与图书馆管理的权利，上少图书馆致力于为儿童提供优质的阅读服务与环境。在暑假期间推出了"小小管理员"志愿活动，在小小管理员正式上岗前，他们将参加图书分类、书架整理、读者服务等基础技能培训活动，学习并实操馆内各项设备，体验检索、找书、借书、消毒、还书的整套借还流程，为更好地为读者服务打下基础。在实践过程中，小小管理员们分工明确，帮助读者更便捷地找到自己感兴趣的书籍；制止不文明行为，让图书馆的环境更加舒适；引导读者使用自助机器，快速找到他们想要的书籍，

---

① 徐阳泰，毛太田，秦顺. 儿童阅读权利保障的体系化与标准化——《公共图书馆少年儿童服务规范》解读与启示[J]. 图书馆建设，2020（3）：50-59.

耐心地为每一位读者提供帮助。小小管理员们也在活动过程中增加了对图书馆的熟悉程度与亲切感，提升了归属感与责任意识。

2. 倾听儿童意见，提升儿童参与度

图书馆作为文化体系的一部分，为儿童提供了一个安全的空间，并鼓励他们阅读自己感兴趣的书籍。上少图书馆通过招募"小小议事员"，让他们加入"儿童议事会"，让儿童围绕"你心目中的图书馆是什么模样？你对图书馆有什么想法和建议？"等儿童友好型图书馆建设的重要议题各抒己见、畅所欲言。倾听儿童发出的真实声音，让儿童投身于图书馆的规划和设计中，为打造儿童友好的阅读空间献计献策，也展现了儿童的社会担当。走进儿童心灵、倾听儿童心声，逐渐受到我国儿童友好单位的重视，这是培养儿童责任与担当意识的重要方式，能激发儿童的主人翁意识，也是儿童友好单位紧扣儿童友好主题的主要途径。

三、深圳少年儿童图书馆

深圳少年儿童图书馆于 2009 年 4 月正式开馆，占地面积 22 000 m^2，建筑面积 15 600 m^2。作为深圳特区及港澳地区唯一的独立少儿文献信息中心，专门为少儿、家长及教育工作者服务，设施先进且功能全面。该馆根据服务对象和文献类型的多样性，提供了一系列全方位、多层次的服务。馆内设有多个特色阅览区域，包括开放外借区、报刊阅览区、视障阅览区、国学馆、幼儿借阅区、读画世界、国际教育资源馆等，同时设有多功能报告厅、阅读实践中心、梧桐树下等服务区域，旨在满足不同年龄阶段和学习需求的人群。

（一）打造儿童友好的阅读空间

1. 环境营造匹配儿童身心发展

传统图书馆建筑内部阅读空间的设计通常只注重单一功能性，部分儿童图书馆只是在成人图书馆的基础上进行简单的改造，在空间设计上缺乏以针对性用户为中心的思维，缺乏对儿童所需空间易用性、趣味性和功能性的关注。在 21 世纪初，国内学者开始从儿童心理学、行为学入手，研究观察儿童阅读需求，最终落到对空间设计的需求上。[①]深圳少年儿童图书馆坐落于美丽的深圳荔枝公园旁，浓荫蔽天，绿草如茵，环境优美，集秀丽的自然景观和浓郁的文化气

---

① 高傲. 儿童友好理念下公共阅读空间适儿化设计研究[D]. 北京：北方工业大学，2023.

息于一体，从细节入手尽显儿童友好理念。从整体设计来看，幼儿阅览区以森林作为主题，墙壁上挂满各种可爱的花草、虫鸟等装饰，幼儿在此阅读仿佛置身森林当中。该图书馆设有树洞绘本区，绘本图书以颜色作为分类标准进行摆放，鼓励儿童根据不同颜色偏好开展阅读。同时，馆内桌椅的高度符合幼儿身高，提高了阅读空间的易用性，为儿童开展沉浸式阅读提供了良好的外部条件。

2. 专属儿童空间尽显友好细节

当人们俯下身子体验"1米高度看世界"的时候，一切将变得不同。为使儿童在馆内获得更加便捷的服务体验，深圳少年儿童图书馆内设有儿童专用洗手间，在门口张贴儿童专用洗手间管理须知和"儿童专用，成人禁用"标识，保障儿童安全如厕的权利。图书馆的服务对象不限于少年儿童，还为妈妈们提供了专门的母婴室，展现了图书馆的友好服务理念与实践做法。

3. 亲子阅览区满足低龄儿童需要

人类学习能力递减法则揭示了人类大脑成长随年龄增长而逐渐放缓的趋势，强调0～6岁为大脑发展的关键期。儿童图书馆学领域的研究进一步证实，对于0～3岁的婴幼儿而言，与他们日常生活紧密相连的家长，是最受他们信赖和依赖的阅读伴侣。基于这一科学认识，深圳少年儿童图书馆在规划时特别注重对亲子阅览区的设计，这一区域不仅可以促进亲子间的亲密阅读活动，还可以确保儿童在享受阅读乐趣的同时不会干扰其他读者的阅读体验。在此过程中，儿童通过与家长的交流、模仿和学习家长的语言等，增强自身的语言能力。同时在家长的陪伴与引导下，让幼儿感受阅读的乐趣，逐步养成良好的阅读习惯。

（二）制定运行章程，确保儿童权益

章程被视为公共图书馆的"基本法"，对图书馆本身、其主办单位及管理人员均产生法律约束力。儿童是公共图书馆主要服务对象之一，公共图书馆开展儿童服务要以保障儿童权利为基本前提，对儿童权利的维护是公共图书馆提供儿童阅读服务的前提。深圳少年儿童图书馆依据国家有关法律法规及有关规定，制定出台了《深圳少年儿童图书馆章程》，其中第六章"服务对象和工作人员"明确了该图书馆的主要服务对象，对读者享有的各类权利做了明确规定（图5.15），包含平等获取信息和知识、免费享有图书馆基本服务、参加各种读者活动、对图书馆的服务进行监督和提出表扬、批评、建议，以及法律法规和规章等规定的其他权利。以具有约束力的工作章程切实保障儿童的各项权利，体现了深圳少年儿童图书馆以儿童为中心建设图书馆的决心与具体行动。

第六章 服务对象和工作人员
第一节 服务对象
第一条 本馆服务对象是全体社会公众,即读者,主要服务对象为少年儿童读者。 第二条 读者享有以下权利: (一)平等获取信息和知识的权利; (二)免费享有本馆基本服务的权利; (三)参加各种读者活动的权利; (四)对本馆的服务进行监督和提出表扬、批评、建议的权利; (五)法律、法规和规章等规定的其它权利。

图 5.15 《深圳少年儿童图书馆章程》第六章部分内容

(三)提供全方位、立体化服务,助力儿童健康成长

公共图书馆作为少年儿童阅读与教育的重要基地,承载着重大教育职责与崇高使命,具有开展阅读教育、提供文化服务、开发智力资源等职能。深圳少年儿童图书馆致力于"让优质阅读惠及每一名少年儿童",它顺应读者阅读需求,运用数字化技术延伸阅读服务,建立数据与分析模型,运用先进技术与服务手段开启"共享图书"项目、用阅读陪伴特殊儿童群体,发起"阳光陪伴——重症儿童陪伴阅读计划"。公共图书馆开展积极、友好、多样化儿童服务将会对少年儿童阅读理念的培养、儿童智力的开发、社会正面教育的形成产生积极、深远的影响。[①]

1. 数字化延伸阅读服务

相较于传统的纸质阅读方式,现代图书馆通过数字阅读场景、多媒体、AR、VR等创新形式,为儿童提供更为新奇和个性化的阅读体验,这些技术的智能推荐功能深受儿童喜爱。为最大限度提升阅读效果,深圳少年儿童图书馆共享30个数字资源数据库提供给加盟"常青藤"计划的中小学图书馆免费使用,并组织作家、编辑、专业的阅读推广人进校园开展活动约600场次,持续推进儿童友好型中小学图书馆建设。

---

① 吴宝玉. 深圳市福田区儿童友好型图书馆建设策略研究[D]. 哈尔滨:哈尔滨工业大学,2021.

2．特殊儿童群体阅读陪伴服务

每个公民都拥有平等享受公共图书馆服务的权利，为儿童提供服务是公共图书馆义不容辞的责任与义务。为包括外来务工人员子女在内的特殊儿童提供无差别阅读服务，是当前深圳市图书馆面临的重要任务。近年来，该图书馆采取了一系列措施，如依托分馆和馆外流通点，实施了"蒲公英"外来务工人员子女图书馆项目和"康乃馨"无差别阅读项目，在元平特殊教育学校建立分馆，在深圳市儿童医院设立白血病房爱心书屋。用阅读融化听障儿童无声世界的坚冰、陪视障孩子找寻失落的彩色世界、摘掉阅读障碍儿童身上的"笨小孩"标签。点亮特殊儿童群体阅读的明灯，是每一个儿童友好型图书馆应发挥的基本职能。

3．开展丰富的阅读活动，提升阅读体验

深圳少年儿童图书馆不仅是各类少儿文献资料的存储、流通、检索、咨询中心，也是开展少儿读书活动的场所。基于不同年龄阶段儿童的阅读习惯、内容、方式存在差异，该图书馆在服务布局上充分遵循了分级分年龄段的理念。如低幼阅览区针对0～6岁的婴幼儿，开展"亲蓓蕾"早期阅读培养计划，营造温馨的阅读环境，常年开展"红姐姐讲故事"、立体图书馆、智慧宝宝手工等活动以激发婴幼儿的阅读兴趣。常年举办多样化活动，如少图剧场、征文、展览、公益性阅读实践系列活动；创新性地推出少儿艺术创作、名著新编大赛等，旨在加强与读者的互动，为读者提供锻炼与展示的平台。此外，通过组织"红姐姐讲故事"、母亲节特别活动、暑期活动、"4·23世界读书日"等阅读推广活动，鼓励少年儿童培养阅读习惯，多读书、读好书。同时，该图书馆每年还会举办形式多样的全民阅读活动，力图以阅读推广活动激发更多人，特别是青少年参与到阅读中来。

第四节　儿童友好型图书馆建设的理性思考

随着儿童阅读需求的日益增长及儿童友好理念的不断普及，近年来我国各地的儿童友好型图书馆数量不断增加。儿童友好型图书馆通过提供丰富的儿童读物、创设色彩丰富的阅读空间并打造温馨舒适的阅读环境等，为儿童探索知识、启发智慧创建了一个专业而广阔的阅读平台。儿童在良好的阅读环境中通过自主阅读、参加阅读推广活动等探索知识、拓宽视野并提升能力，为未来成

长打下坚实的基础。对儿童友好型图书馆建设、发展以及研究现状进行深入探究，并对比分析不同地区儿童友好型图书馆存在的问题，可以总结出具有普遍性与可复制性的经验与做法，为不同地区儿童友好型图书馆的建设提供样本经验。

一、儿童友好型图书馆建设的重要性

儿童的认知能力、品格塑造及智力成长，无一不深刻地受到周遭环境的影响。在此背景下，儿童友好型图书馆作为一个以服务儿童为核心，精心设计的独特建筑空间，在我国教育体系中扮演着不可或缺的角色。它不仅是一个旨在激发儿童阅读兴趣、培养良好阅读习惯与深厚阅读兴趣的场所，更是一个对儿童人格全面发展提供积极指引的公共空间。建设儿童友好型图书馆的重要性，具体体现在以下几个方面。

（一）提供公共文化服务，提升城市儿童服务理念

图书馆是公共文化服务体系的中坚力量，具有高度公益性、开放性和社会性，是面向全社会、全体人民的。公共图书馆通过策划并实施多样化的儿童阅读推广活动，旨在培育与引导儿童形成良好的阅读习惯，使他们能够从书籍中汲取知识、接受正面教育，进而将馆藏文献的潜在价值转化为实际应用的价值。在此过程中，公共图书馆所履行的核心职能，即提供文化服务。图书馆作为城市中的公共文化资源，能够提升文化认同感，促进儿童的心理成长。儿童通过参与图书馆的公益文化活动，不仅能够理解和传承本民族的优秀传统文化，还能够接触到更多不同的文化元素，培养他们对文化的包容性和开放的心态。图书馆为儿童提供了广阔的学习空间，具有重要的教育功能。在图书馆里，儿童不仅能获得书本知识，还能通过参与各类活动锻炼自己的动手能力、创造力和批判性思维。公共图书馆还强调社会适应与融合，在公共文化体系中为儿童提供了一个安全、公平的阅读学习空间，具有很强的包容性与社会参与性。

（二）实现社会优势资源整合，实现全方位人才培育

对于学校来说，图书馆有利于开阔少儿视野，强化少儿阅读的资源配置，是学生名副其实的"第二课堂"。[①]在当前的学校教育中，少年儿童的学习时间、学习方式、学习内容都是由教师和学校决定的，儿童是被动的接收者，能

---

① 程学红. 论公共文化服务体系中图书馆少儿服务的作用[J]. 黑龙江史志，2014（22）：108-109.

够自主安排学习时间和学习内容的时间相对较少。而在儿童友好型图书馆中，儿童可以根据自己的喜好自主安排学习内容、学习时间以及学习方式，这既能够调动儿童的学习热情，又能够促使儿童养成自主学习和探究的习惯，为终身学习打下坚实的基础。

对家庭来说，儿童友好型图书馆的建设能促进家庭文化建设，打造良好家风。在为儿童提供良好阅读环境的基础上，儿童友好型图书馆能够运用自身成熟丰富的阅读指导经验，以及阅读指导所需要的专业资源，通过定期讲座、培训等活动帮助家长群体塑造科学的亲子阅读理念。儿童友好型图书馆构建丰富阅读资源，让家庭可以低成本、高效率地获取书籍，从而改善家庭阅读条件，也帮助家长甄别少儿阅读内容，避免儿童被不良信息侵害。儿童友好型图书馆能够满足儿童的阅读需求，同时能够为儿童提供多种阅读活动，创设多样亲子阅读体验，构建新时代亲子阅读共同体。

对社区来说，图书馆与社区其他机构的关系不是竞争而是合作。《国际图联0—18岁儿童图书馆服务发展指南》指出，图书馆应当和社区等机构合作，共同为儿童提供适宜他们成长的社区环境、资源获取环境等。[①]图书馆作为社会公共服务系统中的一部分，能够为儿童提供交流学习、健康成长和发展的平台，促进教育公平和多元文化融合。社区机构对本辖区内的儿童家庭状况、个体状况掌握较为充分，离儿童的日常生活最为接近。

（三）立足儿童视角建设，积极保障儿童权益

公共图书馆，作为少年儿童阅读与教育的基地之一，承载着培养下一代、启迪智慧的重要职责与神圣使命。通过系统开展阅读教育活动，公共图书馆为少年儿童提供丰富多彩的文化服务，激发他们的阅读热情，培养他们良好的阅读习惯，为终身学习打下坚实的基础。同时，公共图书馆还肩负着开发少年儿童智力资源的重任，通过提供多元化的学习资源，如科普读物、文学作品、历史典籍等，激发他们的好奇心与探索欲，助力他们在知识的海洋中自由翱翔，为未来的成长与发展蓄积力量。儿童友好型图书馆在设施布局、建筑设计及运营服务等多个方面，均充分考虑并细致融入了儿童的实际需求。在图书馆运营服务上，更是提供了专为儿童设计的借阅系统、丰富的儿童读物资源及专业的儿童阅读指导服务，力求让每一位走进图书馆的儿童都能找到属于自己的阅读

---

① 叶竹云. 基于"儿童友好城市"理念的少儿图书馆服务研究[J]. 兰台内外，2021（23）：51-53.

乐趣，在与儿童共建信息获取、交流互动平台的基础上，为儿童提供多样化服务，满足儿童学习、阅读、成长等多方面的要求。一方面为儿童提供丰富教育协助资源；另一方面也保障了儿童获取信息服务自由。儿童可以选择使用图书馆提供的免费上网服务，查询所需资料，这在一定程度上减少了由于经济、社会、文化因素引起的信息获取障碍。不仅如此，儿童友好型图书馆还十分关注特殊儿童的权益，在设计活动时进一步考虑兼容性，使特殊儿童同样受到邀请，有助于打破因生理或心理问题所造成的儿童信息获取壁垒。

二、儿童友好型图书馆建设中存在的问题

（一）政策保障制度有待完善

目前，我国尚无针对公共图书馆儿童服务工作的法律法规和行业制度，导致儿童友好型图书馆在建设和运营过程中缺乏明确的法律指导和保障。有关儿童友好型图书馆建设缺乏统一的制度标准，导致不同地区、不同级别的儿童友好型图书馆在建设和服务方面存在较大的差异，各个地区儿童友好型图书馆的建设质量和服务水平参差不齐。同时，随着社会的发展和科技的进步，儿童的阅读需求和阅读习惯在不断变化。然而，部分儿童友好型图书馆的制度建设未能及时跟进，导致制度规定与实际需求脱节。

儿童友好型图书馆应该是一个以儿童为中心、注重儿童参与和体验的空间，但在现有的制度建设中，没有体现儿童的声音和意见，易忽视儿童的参与和意见，或缺乏具体的参与流程。儿童友好型图书馆的制度建设在法律法规、制度标准、执行力度、儿童参与及制度更新等方面存在不足。为了更好地保障儿童权利，就要加强儿童友好型图书馆的制度建设，制定更加完善、统一、科学的制度标准，并加大监管和执行力度，同时注重构建儿童的参与机会和意见发表平台，确保儿童友好型图书馆能够真正发挥其在儿童权利保障中的作用。

（二）覆盖范围有待扩大

据国家统计局发布的 2020 年全国儿童统计数据显示，0～17 岁城镇儿童与乡村儿童数量分别约为 1.87 亿和 1.10 亿，分别占比 63% 和 37%；而汉族儿童与少数民族儿童数量分别约为 2.63 亿与 0.35 亿，分别占比 88% 和 12%。从儿童来源地区与所属民族来看，乡村儿童与少数民族儿童占比较少，但数量规模仍然庞大。再进一步探讨儿童教育资源分配情况，不难发现，相较于乡村儿童，城镇儿童尤其是一线二线城市儿童，拥有更多获取社会资源的途径。目前儿童友好型图书馆大多设立于中心城市，城镇儿童更容易享受阅读机会。对于乡村

儿童来说，由于地理因素及家庭因素，能够在儿童友好型图书馆获得阅读体验的机会则较少。与此同时，民族地区儿童同样受地理位置、经济及家庭教育观念等因素影响，更难实现"阅读自由"。由此可见，儿童友好型图书馆在全国范围内建设与阅读推广服务范围亟待扩大，以保证更多儿童能享受丰富的阅读资源和多样的阅读活动。

（三）数字资源亟需优化

《2023 年度中国数字阅读报告》中显示，中国数字阅读用户规模已达 5.7 亿，同比增长 7.53%，其中，数字阅读已呈现明显的低龄化趋势，儿童不可避免地成为数字阅读的重要群体。

相较于传统的纸质阅读，多媒体、增强现实（AR）、虚拟现实（VR）等前沿呈现方式，为孩子们带来了更为丰富多彩的阅读盛宴，其个性化和智能推荐功能更是亮点频现，深受儿童的喜爱。从全局视角审视，我国公共图书馆针对儿童群体所提供的数字阅读资源，无论是主题还是内容，都显得极为多样且充满创意，展现形式让人目不暇接。然而，在资源配置的均衡性以及共享模式的构建上，仍有两个关键问题。

第一，图书馆在少儿数字阅读资源种类的采购量上存在着较为显著的差异。如成都市郫都区图书馆仅拥有 1 种儿童数字阅读资源，但深圳市少年儿童图书馆却拥有 20 种。对于在数字资源方面更新速度较慢的部分少儿图书馆来说，它们数字资源本身相对陈旧，这会导致服务效能有所缺失，降低少儿用户对于数字资源的获得感。

第二，少儿数字阅读内容在覆盖的类型上也存在着显著的差异。如上海少年儿童图书馆的数据库资源犹如一座座知识的宝库，种类繁多且内容丰富，涵盖了艺术、科普、家庭教育等经典领域，甚至扩展到了历史、文学、动漫、音乐等多个方面，为儿童打造了一个全方位、多元化的知识海洋，帮助他们在阅读中自由探索，发现更多的乐趣和可能。然而，成都市部分儿童图书馆，在数字资源的配置上就显得略有不足，仅提供了艺术、科普、家庭、教育等四类电子资源供儿童阅读，数量有限，内容也相对单一，并且仅支持在线阅读模式，缺乏足够的交互性和多媒体元素，难以满足活泼好动、充满好奇心的孩子的阅读体验，从而在一定程度上限制了孩子们的阅读视野和想象力的发展。

（四）服务能力仍需提升

据国家统计局统计年度报告数据显示，截至 2022 年年底，我国少儿图书馆共有 146 个，少儿图书馆从业人数 2696 人，公共图书馆 3303 个。而国务院妇女儿童工作委员会办公室、国家统计局和联合国儿童基金会共同发布的《中国儿童发展指标图集》（2018 版）中显示：2015 年，我国 0～17 岁儿童人口 2.71 亿人。第七次全国人口普查结果显示：我国 0～14 岁人口为 2.5 亿人。从数量上不难看出，我国现有的少年儿童图书馆从业人员数量难以满足广大儿童群体的服务需求。

从政策引领上看，由于缺少相关文件的规范，公共图书馆在少儿服务岗位的设置、岗位职责的明确及任职资格的界定上呈现出明显的差异性。这种差异性不仅体现在岗位名称的多样性上，更在于岗位职责的模糊性和任职资格的参差不齐，导致在实际操作中，各地公共图书馆的少儿服务质量参差不齐。

从我国公共图书馆儿童服务岗位的招聘现状来看，公共图书馆在人才选拔上展现出多元化倾向，在吸纳拥有教育学、图书情报专业的相关人才的同时，也招聘计算机、新闻传播学、艺术学、管理学等多个学科领域的人才。这种跨学科的招聘策略，丰富了儿童服务岗位的人才结构，但也带来一些问题：不是所有工作人员都拥有儿童心理学、教育学及相关领域理论背景，这可能导致在建设以儿童为中心、强调友好氛围的图书馆环境时，馆员所提供的服务内容、服务方式及互动模式可能无法精准地贴合儿童不同年龄段的身心发展特征与个性化需求。这不仅可能影响到儿童在阅读过程中的兴趣激发与知识吸收，还可能在一定程度上限制图书馆作为儿童成长第二课堂的积极作用。

（五）特殊儿童关注度有待提高

《中华人民共和国残疾人保障法》中明确规定了残疾人的定义。残疾人是指在心理、生理、人体结构上，某种组织、功能丧失或者不正常，全部或者部分丧失以正常方式从事某种活动能力的人。残疾人包括视力残疾、听力残疾、言语残疾、肢体残疾、智力残疾、精神残疾、多重残疾和其他残疾的人。[①]截至2020 年年底，全国已办理残疾人证的有 3780.7 万人，其中 0～14 岁 1109.1 万人。[②]面对如此庞大的特殊儿童群体需求，儿童友好型图书馆对特殊儿童的关注程度却显得尤为不足。部分儿童友好型图书馆内存在物理和环境障碍，在馆内空间设计上没有充分考虑到特殊儿童的需求。如过于拥挤的书架和狭窄的通道可能对轮椅用户、推车使用者或有其他行动不便的儿童带来困难。同时，孤

---

① 中华人民共和国中央人民政府. 中华人民共和国残疾人保障法[EB/OL]. [2024-6-5]. https://www.gov.cn/guoqing/2021-10/29/content_5647618.htm.

② 中国残疾人联合会. 全国残疾人人口基础库主要数据[EB/OL]. [2024-6-5]. https://www.cdpf.org.cn/zwgk/zccx/ndsj/zhsjtj/2020zh/6c948f9d97194a93a0d6e1ba23d32000.htm.

独症谱系障碍的儿童对环境中的强光、闪烁的灯光或噪音可能非常敏感，图书馆如果没有采取适当的噪声控制或照明调整，可能会让这些儿童感到压力。不仅如此，很多儿童友好型图书馆通常没有为特殊儿童量身定制的书籍推荐系统，这导致一些家长和儿童难以找到适合的阅读材料。

三、儿童友好型图书馆建设的路径探析

根据不同侧重点和需求，我国儿童友好型图书馆的建设路径主要分为以下几种类型。

（一）资源导向型儿童友好图书馆建设

以资源为导向的儿童友好型图书馆建设关注各类资源的投放与利用，丰富的馆藏资源是图书馆建设的基础。首先，儿童友好型图书馆以儿童作为开放主体，以满足儿童的兴趣作为建设的出发点与落脚点。儿童友好型图书馆可通过调研等不同形式了解各年龄阶段儿童的阅读取向与需求，不断更新和扩充馆藏资源，满足儿童多样化的阅读喜好。其次，在数字化资源建设方面，随着科学技术的飞速发展，数字化资源已成为儿童阅读的重要补充。图书馆应通过积极建设数字化阅读平台，提供丰富的电子图书、有声读物等数字资源，以便儿童随时随地获取知识和信息；搭建数字阅读资源平台，打破因地域造成的儿童无法自由享受阅读的限制，实现纸质书籍资源+数字化电子书籍资源一体化建设，形成高质量、全方位的少儿图书馆馆藏资源体系。图 5.16 所示为资源导向型儿童友好型图书馆建设路径。

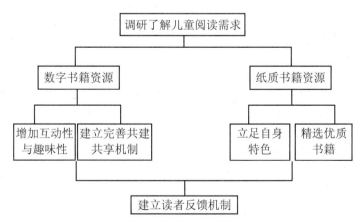

图 5.16　资源导向型儿童友好型图书馆建设路径图

（二）服务导向型儿童友好型图书馆建设

儿童友好型图书馆从环境创造、规章制度、服务方式等方面全方位服务于儿童，成为儿童喜爱的信息服务中心，同时也成为构建儿童友好城市的重要部分。儿童友好型图书馆应以促进儿童健康全面发展为目标，为儿童提供更为专业、多元化的阅读服务。除传统借阅服务外，儿童友好型图书馆应针对不同年龄段、不同阅读需求的儿童，开展各类阅读推广活动、文化活动、亲子活动等，为儿童提供丰富多彩的阅读体验。不断创新图书馆服务形式，提供个性化的服务，如设立低龄儿童阅读区、大龄儿童阅读区等，以及提供定制化的阅读推荐和阅读指导，满足不同年龄、不同信息素养水平、不同生理、不同心理状态的儿童的信息需求和服务诉求。[①]图 5.17 所示为服务导向型儿童友好型图书馆建设路径。

个性化阅读服务
基于儿童年龄、兴趣及阅读能力，提供个性化图书推荐
建立儿童阅读档案，跟踪儿童阅读进度与喜好

互动体验服务
举办故事会、阅读竞赛
活动中享受阅读乐趣

数字化服务
提供丰富电子图书、有声图书
满足多样化阅读需求

图 5.17　服务导向型儿童友好型图书馆建设路径图

（三）环境导向型儿童友好型图书馆建设

不同于传统城市公共图书馆环境打造，以环境为导向的儿童友好型图书馆强调以儿童的生理、心理特点及现实需求为出发点，精心设计每一个适合儿童的空间布局。从空间设计到落地实施，儿童友好理念贯穿全过程。通过调查问卷、座谈会等方式收集儿童、家长等主体对于图书馆环境创设的意见；根据儿童发展特点进行考量；定期收集儿童反馈意见等，儿童友好型图书馆致力于创设既满足儿童阅读需求，同时又充满趣味性、互动性的阅读环境，配置符合儿

---

① 叶竹云. 基于"儿童友好城市"理念的少儿图书馆服务研究[J]. 兰台内外, 2021（23）：51-53.

童使用习惯的设施。以环境建设为导向的儿童友好型图书馆应充分考虑儿童年龄特点，在色彩与装饰、采光、阅览座椅与书架、图书馆周边环境设计上兼顾活泼性、安全性及便利性，着力将图书馆打造成集少儿读者阅读、学习、活动与娱乐为一体的平台，使其成为家长放心的"少儿之家"。图 5.18 所示为环境导向型儿童友好型图书馆建设路径。

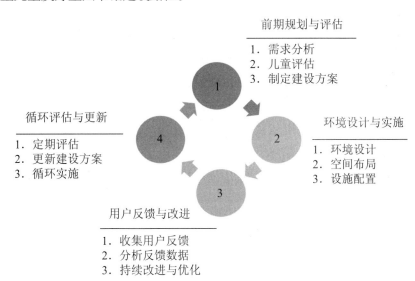

图 5.18　环境导向型儿童友好型图书馆建设路径图

（四）参与导向型儿童友好型图书馆建设

参与导向型儿童友好型图书馆强调儿童参与、家长参与。图书馆应强调儿童参与建设、参与管理的长效机制，使儿童可以参与少儿图书馆的设计，通过举办绘画比赛、征集意见等方式，鼓励儿童发表自己对图书馆空间和服务的想法和建议。鼓励儿童参与少儿图书馆管理和服务相关过程，如设立儿童志愿者岗位、开展儿童读者座谈会等，培养儿童的创造能力与管理能力，让儿童成为图书馆的主人。家长是儿童阅读的第一任导师。图书馆同样应加强与家庭的合作，积极组织家庭阅读活动，如亲子阅读分享会、家庭阅读计划等，吸引更多家庭参与图书馆的阅读推广活动。通过家庭和儿童的有效参与，可以使图书馆成为一个真正具有家庭氛围和儿童友好的场所，以提供更丰富、更多样化的服务和活动，促进家庭成员之间的互动和交流，这也利于培养儿童的领导力、自主性和社会责任感。图 5.19 所示为参与导向型儿童友好型图书馆建设路径。

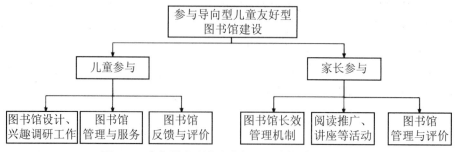

图 5.19　参与导向型儿童友好型图书馆建设路径图

（五）合作导向型儿童友好型图书馆建设

图书馆在建立过程中应关注多方主体的合作沟通，建立由政府、学校、图书馆管理机构、家长代表、社区组织等多方参与的合作机制，共同制定图书馆的发展规划和实施方案，推动儿童友好型图书馆的建设。加强资源共享与整合能力，例如政府提供资金支持、学校提供教育资源、社区提供场地资源等，实现资源整合和优势互补，扩大儿童友好型图书馆的影响力和服务范围。注重建立图书资源的网络合作，进行跨区域、跨学科的网络合作，与其他图书馆、文化机构、非营利组织等建立合作关系，共同推动儿童阅读事业的发展，为儿童提供更多元化、更高质量的阅读资源和服务。同时，注重图书馆的长期评估与反馈机制的建设，定期评估合作项目的效果和用户满意度，根据评估结果调整和改进合作方案，持续推动儿童友好型图书馆的发展。图 5.20 所示为合作导向型儿童友好型图书馆建设路径图。

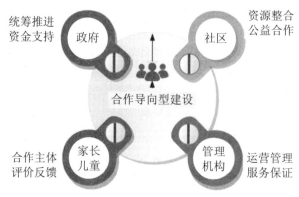

图 5.20　合作导向型儿童友好型图书馆建设路径图

以上五种类型的儿童友好型图书馆建设路径并不是孤立的，而是可以相互融合、相互补充的。在实际的建设和推动过程中，各地图书馆可以根据自身的实际情况和需求，选择适合的建设路径，并不断探索创新，为儿童提供更加优质、便捷的阅读服务。

四、儿童友好型图书馆建设的优化策略

（一）完善建设制度体系，保障儿童阅读权益

在推进儿童友好型图书馆建设的过程中，不仅要关注其传播知识信息的功能，同时还应强调其作为儿童成长的重要支持角色。基于此，应逐步完善有关儿童友好型图书馆建设的制度规范，统一管理标准，切实保障儿童在享用公共阅读资源时的基本权益。从国家层面出台儿童友好型图书馆建设的制度规范，将能为各地儿童友好型图书馆充分结合所在地区情况进行建设提供方向上的指引。因此，有关部门应在明确儿童友好型图书馆定位的基础上，明确儿童友好型图书馆建设的制度标准，逐步优化现有管理体系，使其更加贴合儿童的需求与兴趣；拟订制度规范应坚持儿童优先原则，完善儿童反馈机制，广泛听取儿童在建设过程中或发展过程中的意见；制定具有通用性的儿童友好型图书馆建设制度，结合服务内容、服务对象、环境打造等形成多元化的运行体系，为儿童友好型图书馆的建设及工作开展提供新的着力点。

（二）打破地域限制，扩大图书资源传播范围

当前儿童友好型图书馆在全国范围内的布局情况暂无官方统计数据，根据图书馆统计资料基本可以判断出，我国儿童友好型图书馆目前主要分布在大城市及经济较发达地区。为进一步拓展图书资源覆盖范围，可采取以下几项措施来提升农村及偏远地区的儿童图书资源。

①建立流动图书馆或送书下乡服务。通过在偏远地区设立流动的图书馆服务，定期运送图书资源到偏远地区或开展丰富的阅读推广活动，确保儿童能够接触到优质的图书资源和服务。

②加强数字化资源的建设及推广。通过在线平台或移动应用，让儿童能够远程访问丰富的图书资源，为儿童捐赠或提供数字阅读设备，方便儿童随时随地进行阅读。

③加强政府支持与投入。政府出台相应政策以鼓励和支持偏远地区儿童阅读事业发展，为儿童友好型图书馆的建设和资源配置提供支持。

以上措施的持续推进，将有助于改善农村及偏远地区的儿童阅读资源匮乏

的状况，让各地区儿童可以享受到更多的优质阅读资源，为他们的成长和发展提供有力支撑。

（三）加强数字资源建设，完善区域服务网

长期以来，受限于服务对象类型的单一和资金采购能力的有限，儿童友好型图书馆在儿童阅读资源的采购力度上整体表现较为薄弱。为保障儿童阅读质量、提高儿童满意度，就需要开展资源联合建设，形成儿童数字阅读资源建设的专门联盟。有关部门的管理者要积极利用互联网平台，高效整合各类优质资源，以丰富儿童阅读推广的素材库。有关部门的管理者要积极利用互联网平台，高效整合各类优质资源，以丰富儿童阅读推广的素材库。具体而言，可以多种途径采集大量开源、优质且权威的儿童阅读推广网络资源。例如，可以深入挖掘少儿文学作品，筛选出适合不同年龄层儿童的经典文学作品和新兴佳作。在采集这些资源的过程中，管理者不仅可以直接下载或引用相关内容，还可以提供便捷的链接，让儿童及其家长能够轻松访问到这些优质的阅读资源。有效拓展图书馆数据库资源，还能够满足儿童多样化的阅读需求。在数字资源的呈现方式上，可以更加直观、易懂、易被发现和使用，为家长和孩子提供阅读便利。

建立以省、市儿童友好型图书馆为中心，县、区儿童友好型图书馆为骨干，中小学图书馆（室）为节点的区域性儿童友好型图书馆网络。进行多维度探索，构建儿童友好型区域联盟协作体系；充分利用中心儿童友好型图书馆的核心优势，引领并激励县级、区级儿童友好型图书馆挖掘并展现各自独特的地域文化特色与优势，共同促进儿童友好型图书馆服务的全面提升。

（四）提高整体服务质量，构建科学化馆藏体系

儿童友好型图书馆馆员的服务核心是为儿童提供紧密贴合其成长阶段与发展需求的专业化图书馆服务。因此，在图书馆馆员的人事招聘中，须要求候选者具备专业知识、技能，遵守职业伦理与道德准则，接受职前培训、职业训练提升培训等。在馆员服务态度方面，需建立员工分层激励机制，实施馆员轮岗轮班制度、建立适当的问责和竞争机制。除此之外，更需要政府进行引导，制订针对儿童友好型图书馆工作人员的管理办法与规定，规范馆员的行为规范，保障馆员的应有权益，从而保障馆员的专业发展。在整体服务质量上，图书馆还可以引入先进的图书扫码无线射频识别（RFID）技术与精准定位技术，使得在大空间的开放式、全开放书架布局的图书馆环境中，家长与孩子仅需借助手中的数码设备，即可轻松、高效地定位并找到所需书籍，有效缓解找书难的问题，提升阅读体验与效率。在图书科学规范管理上，应对采购人员和采购过程

实施全面改造。调取长期管理书架并接触读者的馆员作为专业的少儿图书采访员进行书籍采购工作。不断更新和丰富馆藏资源，针对时事热点加购相关的图书，满足读者阅读需求。为儿童友好型图书馆的建设争取更加充足的资金，对图书馆经费、场地等进行合理运用，对政府的投入制定合理的规划，确保高效利用经费，保障最大程度的使用效益。

（五）增设特殊人群服务，满足多样化需求

公共文化服务应充分体现均等化原则，儿童友好型图书馆在为身体健康的儿童提供服务的基础上，有义务接待特殊儿童。针对视障儿童，图书馆可以提供适合他们的图画书、故事书和百科全书的盲文版和音频版，帮助视障儿童更好进行独立阅读。升级语音导航和语音识别技术，视障儿童可以使用语音指令查询图书馆的藏书或借阅信息，进行更加便捷的交互。在环境设计上注重低光环境与无障碍设计，避免过强或过弱的光线刺激，给视障儿童带来不适。听障儿童的主要需求是视觉信息的获取和无障碍的沟通方式。图书馆可以在举办讲座、故事分享等集体活动时，提供手语翻译服务。图书馆可以在播放的视频内容（如教育影片等）中添加字幕，增加文字记录设备或实时文字转写服务，确保听障儿童能够理解和享受图书馆相关资源；同时，还可以增加图书馆工作人员手语培训，使他们能够更好地与听障儿童及其家庭进行沟通。对于很多其他类型的特殊儿童，如孤独症谱系障碍儿童、注意力缺陷儿童等需要给予特别的支持。如为孤独症谱系障碍儿童提供安静的阅读空间，通过设计隔音的阅读室和柔和的灯光，减少环境的感官刺激，避免噪声、强光和拥挤，帮助孤独症儿童集中注意力，享受阅读。条件允许的情况下，还可以针对儿童特殊性质，增设特殊儿童专门阅读室。如日本的部分图书馆针对听障儿童专门设计了"无声的房间"，房间内设有磁感应回路，可利用磁感应排除外界噪声干扰，为听障儿童打造专门的阅读环境。

第六章

儿童友好视角下的城市公园资源建设案例

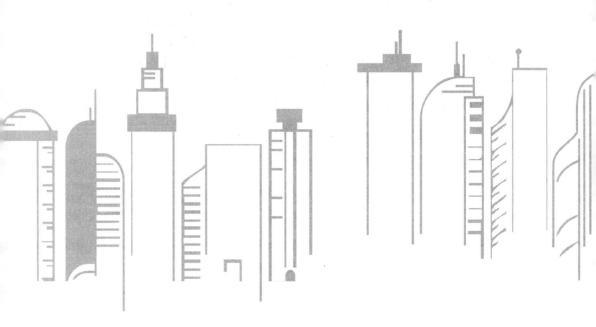

第一节 儿童友好公园资源建设研究背景

一、公园资源建设与儿童友好理念背景

1996 年，联合国儿童基金会（UNICEF）人居环境会议部署了儿童友好城市倡议计划，随后世界各国纷纷响应儿童友好城市的建设号召，将儿童友好城市建设纳入国家发展议程。在此背景下，儿童友好理念的研究与实践不断深入，逐步形成了涵盖城市规划、公共服务、社区治理、环境保护等多个领域的理论体系和实践框架。2018 年《儿童友好城市规划手册：为孩子营造美好城市》的发布，更是为这一领域的工作提供了系统的指导和参考，明确了在城市规划建设中保障儿童权利的具体策略和措施，进一步推动了儿童友好理念落地生根。

我国积极响应国际社会的号召，将儿童友好城市建设纳入国家发展战略。将建设儿童友好公园作为深化儿童友好理念、落实儿童友好城市建设的重要一环，其重要性不言而喻。儿童友好理念与公园资源建设相互促进、共同发展，儿童友好理念为公园资源建设提供重要的指导思想和标准，公园资源建设的实践又丰富了儿童友好理念的内涵与外延。我国秉承儿童友好的原则，不断优化公园设施和服务，丰富公园文化内涵，打造更多具有特色和亮点的儿童友好型公园，以儿童友好型公园为载体为儿童谋福利。

二、我国儿童友好型公园资源建设的政策发展

2021 年 9 月，国务院发布的《中国儿童发展纲要（2021—2030 年）》坚持以人民为中心的发展思想，全面贯彻党的教育方针和儿童优先原则，致力于创建更加有利于儿童全面发展的良好环境。尊重儿童权益，关注儿童需求，以儿童视角为出发点，推动公园资源建设向对儿童更加友好的方向发展。该纲要明确指出在儿童与环境领域，要将儿童优先理念落实到公共政策制定、公共设施建设、公共服务供给等方面，倡导建设儿童友好城市和儿童友好型社区，并制定相关标准和建设指南。这一政策的出台为儿童友好型公园资源建设提供了政策依据和方向。同年 9 月，国家发展和改革委员会等部门联合出台了《关于推进儿童友好城市建设的指导意见》，提出了儿童友好城市建设的总体要求、主要任务和保障措施，从社会政策、公共服务、权利保障、成长空间、社会环境

等方面提出了建设儿童友好城市的措施，旨在从儿童视角出发，以儿童需求为导向，以儿童更好成长为目标，优化儿童公共服务，加强儿童权利保障，拓展儿童成长空间，改善儿童发展环境，全面保障儿童生存、发展、受保护和参与的权利，让儿童友好成为全社会的共同理念、行动、责任和事业。其中，儿童友好城市建设的关键之一就是推进成长空间友好，提升城市空间品质和服务效能；加强城市社区、学校、公园、医院、图书馆、体育场所等各类服务设施和场地适儿化改造；建设适合儿童的服务设施和标识标牌系统，推动公共场所建设母婴室、儿童厕位及洗手池、儿童休息活动区等。这一政策为儿童友好型公园资源建设提供了具体的指导与支持。

2022年12月，国家发展和改革委员会、住房和城乡建设部、国务院妇儿工委办公室联合印发了《城市儿童友好空间建设导则（试行）》，该导则明确了城市、区（县）、街道及社区等层级的儿童友好空间规划，包括公共服务设施、道路空间、公园绿地的适儿化改造和校外活动场所、游憩设施建设等内容。同时还提出了儿童优先，普惠公平；安全健康，自然趣味；因地制宜，探索创新的儿童友好空间建设基本原则。这一导则为儿童友好型公园资源建设提供了具体的标准与指导。

2023年8月，住房和城乡建设部、国家发展和改革委员会、国务院妇儿工委办公室等多个相关部门联合印发了《〈城市儿童友好空间建设导则（试行）〉实施手册》，该手册展示了公园资源建设的典型案例，包括城市绿地、主题公园、社区游园等，充分展现了儿童友好理念在不同场景下的具体应用，展示了如何根据儿童的年龄、兴趣和活动特点，科学规划和设计公园的功能布局、设施配置和景观环境，还介绍了在公园建设和运营过程中，如何注重生态环保、文化传承和社区参与，实现经济效益、社会效益和环境效益的协调统一。该手册为各地开展儿童友好型公园资源建设提供了参考和借鉴。

基于此，多地积极响应国家政策，并结合本地实际情况制定了儿童友好型公园资源建设的具体方案和实施计划。例如，青岛市结合城市更新和老旧小区改造等工作，积极推进儿童友好项目建设，已建设完成多处儿童活动场地和公园绿地。同时，多个城市还发布了地方标准或政策文件，如深圳市《儿童友好公共服务体系建设指南》《威海市儿童友好城市建设导则》等系列标准，为儿童友好公园资源建设提供了更加细化和具体的指导。

我国儿童友好型公园资源建设的政策经历了从儿童友好理念宣传到政策出台、从标准制定到地方实践等多个阶段。随着政策的不断完善和深化及地方实践的积极探索和创新，我国儿童友好型公园资源建设将会取得更加显著的成效，

为儿童提供更加安全、健康、快乐的成长环境。

三、儿童友好型公园资源建设关注度持续攀升

1933 年,《雅典宪章》中首次提出在居住区内巧设预留空地作为建造公园、运动场地和儿童游戏场的号召。1996 年,儿童友好城市倡议的提出进一步推动了世界各国对儿童福祉的关注与行动。目前全球已有 40 多个国家的 3000 多个城市和社区,如哥本哈根、伦敦、波士顿等获得了儿童友好城市的认证。一些发达国家对于儿童活动空间的发展建设,已经形成比较成熟的体系。

国际儿童游戏权利协会(IPA)倡导保护儿童游戏权利,并且积极倡导建设有利于儿童成长的活动空间。越来越多的国家认识到儿童活动空间存在的重要性,不仅开始制定相关政策,也进行实践探索,涌现出了大量关于儿童游戏场地的研究。其中,英国、美国、新加坡等国家在儿童活动成长空间的建设上一直走在前沿。英国对儿童游乐场、学校操场等正式的游戏场地进行了诸多筹划研究与经费投入;也对街道、社区、城市公共空间等非正式的游戏空间进行了丰富的实践探索。比如 2016 年,英国利兹市议会与儿童友好型利兹组织合作,在市中心的公共空间设置了快闪公园,园内设置有可攀登的雕塑、长凳和植物,形成一个临时的游戏空间,鼓励儿童和家庭更多地使用公共空间,可供儿童进行自由探索。美国丹佛市以打造"见学地景"模式闻名,在社区环境、公共服务设施、自然野生公园、户外艺术、多用途场地等融入了更多的儿童友好理念,建设起了具有教育元素的空间,使儿童可以随时随地安全、方便地放松和学习,为儿童打造一个亲近自然、亲和儿童、了解知识的场域。[①]

第二节 儿童友好视角下城市公园资源建设的案例分析

2022 年 3 月,成都市人民政府办公厅印发了《成都市儿童友好城市建设实施方案》,该方案中重点指出成都市落实友好城市建设的总体要求及规划,要求建设儿童友好型社区、儿童友好型学校、儿童友好型医院、儿童友好型公园等,推进儿童友好城市建设,并计划到 2025 年,实现儿童友好型社区建设全覆盖。公共事业规划、公共资源配置等儿童优先的社会政策更加完备;公益普惠

---

① 宗振芬. 国外儿童友好城市建设的特色做法[J]. 群众,2021(8):67-68.

儿童福利体系更加完善；儿童友好的社会环境、儿童友好的成长空间进一步优化。到 2035 年，儿童友好理念深入人心、儿童权益得到全面保障，儿童享有更加美好的生活，建成全国先行示范的儿童友好典范城市。该方案对儿童友好城市建设方面做出了系统性指导，要求建设儿童友好城市景观，结合公园城市建设，对生态自然公园、郊野公园和城市公园、广场、绿地等进行提质改造，优化乡村田园自然景观。每个区（市）县建设不少于 1 个儿童友好主题公园，提供儿童独立的活动区域，营造儿童友好的自然环境，体现儿童自然教育属性，保障儿童游戏公共空间的安全性。

成都市青羊区与龙泉驿区分别颁布了相应的政策措施。龙泉驿区在 2022 年 12 月颁布的《龙泉驿区推进儿童友好城区建设行动方案》，明确提出要优化友好成长空间、创建友好发展环境，着眼龙泉驿区建设践行新发展理念的公园城市示范区先锋城区，对儿童进行人与自然、生态环境与健康的相关理念及基本知识的系统性普及，树立珍惜资源、保护自然、珍爱生命、人与自然和谐相处观念，培养儿童保护生态环境、维护身体健康的意识，全面推进龙泉驿区儿童友好建设。青羊区颁布《青羊区儿童发展纲要（2021—2030 年）》，根据儿童实际情况，重点围绕健康、教育、经济、参与决策和管理等 15 个方面内容拟定了全区未来十年的儿童发展目标。其中，共设置了健康、安全、教育、福利、家庭、环境、法律保护 7 个领域，提出 76 项主要目标和 95 项策略措施；强调重点保障特殊困难儿童群体权益，缩小儿童发展的区域、群体差距，以及加强家庭、学校、社会和网络对儿童全方位全过程的综合保护；突出尊重儿童主体地位，创造有利于儿童参与的社会环境。

基于此，笔者选取了成都市成飞航空主题公园、成都东安湖公园等各具特色的公园作为案例，从公园的基本概况、设施设计特点等方面分析了儿童友好型公园资源建设。

一、成飞航空主题公园

（一）公园基本概况

成飞航空主题公园始建于 1984 年，其建设重在彰显航空工业的特点。2015 年，成飞航空主题公园完成了全面的升级改造，园林、景观、水系以及各类设施设备焕然一新。2021 年，公园西北侧新建成飞航空主题教育基地（由中国战斗机研制知名企业——航空工业成飞兴建），基地内展览了包括歼 20 在内的多架样机以及展示了丰富的航空知识。①成飞航空主题公园所处地理位置优越，人流量大，服务半径广。公园周边多为居民区，其独特的文化氛围与静谧的环境相得益彰，为居住在附近的儿童营造了积极的学习和成长氛围。同时，公园公共交通设施完善，能够较好地满足儿童与家长的出行需求。

（二）公园资源建设特点

1. 亲近自然，有益儿童身心发展

成飞航空主题公园在自然生态环境的打造上别具一格，充分利用地形优势，通过融合花草、湖泊、亭台、楼阁、小桥、流水等多样化的景观元素，为儿童打造了一个静谧美好，充满生机活力的自然乐园。园内各类花卉竞相绽放，形成多彩的视觉效果，为儿童带来丰富的视觉体验。色彩斑斓的植物不仅提高了儿童色彩辨别力和感知力，更在潜移默化中培养了儿童的审美情趣，提高了儿童的审美能力与鉴赏能力。自然生长的树木为儿童提供了丰富的互动机会，缓缓掉落的树叶、树下活泼的小昆虫们与儿童形成了天然的联系。不规则排列的树木为儿童提供了攀爬、低卧、奔跑、捉迷藏的空间，促进了儿童生理机能的发展，提高了儿童的免疫能力，增强了儿童的体质，并锻炼了儿童的身体协调性与敏捷性，儿童通过观察对比树叶形状、探索昆虫的生活，更好地集中注意力。儿童在公园里自由探索，可以缓解精神疲劳，缓解消极情绪，有利于心理健康。

此外，公园还为儿童与家长设置了亲子活动空间，家人共同享受逗鱼、喂鱼的亲子欢乐时光，为儿童带来父母陪伴的满足感。这样的互动方式给家长提供了直观地向孩子们普及生物、生态系统知识的机会，引导他们树立爱护动植物、保护环境、尊重生命的积极生命观。

2. 寓教于乐，促进儿童智力发展

成飞航空主题公园作为一座承载着科普教育、生态观赏与休闲娱乐等功能的综合性公园，为儿童提供了更多丰富的体验。其中，最具特色的就属成飞记忆区。成飞记忆区由六大主题板块构成，每一块都蕴含着深厚的航空文化与教育意义。"威龙广场""铁翼风华"与"龙腾广场"中陈列着的枭龙、翼龙、天翅及歼20系列等数架著名战斗机，以其雄姿英发的外形和背后的传奇历史故

---

① 王天骄. 动作发展视角下成都市儿童友好型城市公园儿童活动空间研究[D]. 成都：成都大学，2023.

事给儿童带来了强烈的视觉冲击，激发了他们探索航空世界的好奇心。"航空史迹"则如同一张生动的历史长卷，向儿童展现了中国乃至世界航空事业的辉煌历程、战斗机的研制流程与制造工艺等，让儿童在轻松愉快的氛围中汲取知识、拓宽视野。"航空问道"是一道集知识与趣味于一体的风景线，蓝白相间的航空史知识墙与讲解员介绍相辅相成，如同一本形象的战斗机入门微型百科全书，具有一定的科普性。地上52块铜板则记录着中国航空发展史上的重要时刻，儿童从中可以了解我国航空事业发展的辉煌与艰辛。在"航空拾趣"区域内，儿童可以亲身参与飞行驾驶、航空邮局、航空文创等趣味性航空体验项目，实现自己的小小"飞天梦"。

3. 趣味空间，启迪儿童探索创新

成飞航空主题公园根据儿童的年龄特点和成长需求，巧妙地将园区内的沙坑分区布局，以减少区域间的干扰。第一个沙坑内攀爬墙和滑滑梯相映成趣，儿童在这里尽情地攀爬、滑下，不仅锻炼了儿童的触觉敏感度和身体协调能力，也在欢乐游戏中锻炼身体，增强体质。而沙堆的柔软质地，更为儿童的安全提供了有力保障。中间位置的玩沙区设置有轮胎秋千和沙发式的秋千，秋千的摆动运动可以促进儿童身体的协调性发展。第三个玩沙区被轮胎环绕，儿童可以在轮胎间穿梭，挑战自己的平衡感，去发掘更多游戏的可能性。在沙堆中儿童用小沙铲、小手推车之类的工具，动手挖掘一条水渠，堆出一座土山，盖一座梦想中的小城堡，或是捏出一个个形态各异的小动物，他们的创造力在这里得到了充分的释放。这样的环境设置较好地满足了儿童的社交和游戏需求，让他们在玩耍中进行了亲子交流、同伴交往，也促进了他们的思维培养和智力发展。

4. 公共服务，满足儿童成长需求

成飞航空主题公园致力于为家长儿童提供全面的公共服务。在园内交通设施方面，公园内规划了三个无障碍出入口，确保轮椅、婴儿车等能够自由进出，充分满足了特殊儿童群体和婴幼儿的需求。公园内部各功能区的主路呈环状，道路组团分明，连接整个公园的主要出入口及主要的休闲活动空间，不仅加强了公园内每个空间的联系，降低了儿童走失的风险，同时也为家长儿童提供了便捷的交通条件和清晰的路线标识。同时，园内还设置了两种主要的休息设施：一种是独立设置的木质的长条形座椅和座椅组合，其主要分布在儿童活动区，便于家长们休息的同时照看孩子，确保孩子们活动的安全；另一种则是树池四周设置的环形座椅，使树下的空间成为一个温馨舒适的亲子交流和儿童活动的场所。

此外，成飞航空主题公园还特别注意无障碍设施的建设。园内设有无障碍卫生间与儿童洗手池，兼顾6岁以下儿童、特殊儿童群体的使用需求，卫生间面积宽敞，方便婴儿车和行动不便儿童的进入。在虚拟配套服务方面，成飞航空主题公园开通了微信公众号，并实行团队预约制，以便学校与社会团体在公园内开展研学活动和团建活动，也为学校在公园开展教育教学活动提供了极大的便利。

5. 活动开展，拓宽儿童知识领域

成飞航空主题公园作为成都市航空教育基地，为儿童提供了充满趣味与知识的主题活动场所。成飞航空主题公园在寒暑假积极与学校合作，举办一系列丰富的研学活动，如"空军装具研学营""纸飞机主题研学营""小小飞机蓝图师""伯努利定律实验课"等，旨在赋予与保障儿童游戏和创造权利、参与和表达权利以及享受优质教育资源的权利。

在"空军装具研学营"中，儿童有机会零距离接触空军飞行员装具，并亲身试穿试戴，深入了解各种装具的功能与用途。此外，他们还能聆听职业飞行员讲述亲历故事、并体验模拟舱飞行驾驶体验，为儿童带来前所未有的航空体验，为儿童普及航空知识，以加深儿童对我国国防事业的了解。公园聘请了多年从事航空科普教育工作的专家，为儿童开展各类主题研学活动。在活动中孩子们不仅学会了用不同材料制作各种型号的战斗机模型，更能增强对我国航空事业的热爱；同时培养了他们的动手能力和专注力。针对高学段的儿童，成飞航空主题公园还设置了"伯努利定律实验课"和"小小飞机蓝图师"活动。在"伯努利定律实验课"中，儿童通过亲身实践，了解飞机机翼设计的空气动力原理，运用伯努利定律完成课堂科学小实验，把枯燥的物理知识转化为有趣的生活小妙招，让儿童在玩中学，学中悟，寓学于乐。在"小小飞机蓝图师"的活动中，儿童则有机会了解飞机蓝图在研制过程中的重要性，学习蓝图制作的基本原理，制作出自己独一无二的蓝晒飞机图纸作品，让儿童在体验传统晒图工艺中感悟航空先辈"排除万难，逢山开路，遇水架桥"的报国精神，有效激发儿童的爱国热情。

二、成都东安湖公园

（一）公园基本概况

成都东安湖公园位于成都市龙泉驿区，以其卓越的品质和独特的魅力在2023年1月荣获成都市"最美公园"的殊荣。成都东安湖公园围绕文化、体育、

旅游、商业多元业态,打造出集运动体验、生态观光、田园休闲、亲子娱乐等为一体的城市休闲胜地。成都东安湖公园由一湖、一环(环湖绿道)、七岛(书香岛、竹语岛、桃花岛等)、十二景和二十四座桥梁等景观构成,公园内自然生态环境优美,乔木、灌木种类繁多,共计达 400 余种。

成都东安湖公园位于东安湖畔,这里有第 31 届世界大学生夏季运动会"一场三馆"(成都大运会开幕式及重要项目比赛场地)、图书馆、艺术中心、剧院等,基本满足了儿童德、智、体、美、劳全面发展的需求,为儿童营造了积极的文化氛围。公园对儿童活动区域的规划极为用心,共规划了 6 处集中的儿童活动区域,毗邻主要居住区,以方便儿童前来游玩。鸟屿探秘、熊猫骑士乐园、花海主题乐园、银沙滩乐园、书香岛乐园及西江河乐园,每个乐园都有各自的特点,并从不同角度激发儿童的想象力和创造力,从而促进儿童的全面发展。

(二)公园设施设计特点

1. 以形态色彩唤醒儿童感知力

色彩在儿童日常生活中的合理运用会对儿童的感知、情感反应、行为和认知产生积极影响。儿童早期的色彩感知较其他类型,如文字感知、形象感知等在认知活动中具有一定的优势,良好的视觉环境对儿童发育非常重要。积极的色彩设计促进儿童想象力、识别能力和选择能力,以及他们的空间感知能力和智力的发展。儿童对颜色的认知大致可分为黑白期、色彩期、立体期和空间期四个阶段。[①]不同年龄段儿童色彩认知阶段与教育方向见表 6.1 所列。

表 6.1　不同年龄段儿童色彩认知阶段与教育方向

认知阶段	黑白期 (0~3 月)	色彩期 (4~12 月)	立体期 (1~2 岁)	空间期 (2 岁以后)
阶段特征	视觉范围 20~30 cm,对色彩没有感知,只有黑白两色	视觉范围扩大到了 1~2 m,对彩色的东西敏感	慢慢开始认识所有颜色,2 岁后认识红、橙、黄、绿、蓝、靛、紫	进入色彩认知的空间期并且逐渐有了自己的色彩偏好
教育方向	提供黑白两色的东西和红黄蓝三色对比加强认知	提供易于辨认的三原色玩具,慢慢增加橙绿紫	增加混合色认知教育,如草绿色,墨绿色等	感受大自然的五光十色,色彩缤纷

---

① 高傲. 儿童友好理念下公共阅读空间适儿化设计研究[D]. 北京:北方工业大学,2023.

儿童心理学家阿尔弗雷德（Alfred Adler）曾对 150 名 2～5 岁的儿童进行了为期一年关于色彩的研究，发现儿童对颜色和线条有自己的特定理解。从婴儿时期开始，儿童对颜色产生感知，并深受颜色环境的影响，不同的颜色会不同程度刺激儿童的视觉神经，从而影响他们的身心发展。通过形状设计和色彩搭配来影响儿童的感知也正是成都东安湖公园儿童活动区域着重关注的部分。学前教育家蒙台梭利提倡重视儿童的感官教育，认为儿童认识客观世界是从感知觉开始的，其中，在人的各种感知觉活动中，视觉占主导地位。在成都东安湖公园的鸟屿探秘乐园中，地面、高空拓展设施等集中的区域是儿童最主要游玩的区域，其场地在形状和颜色的布置上均有设计考虑。比如，该乐园游乐设施主要为原木色，与植物的绿色相互呼应，为儿童营造身处在自然森林的氛围，划分出片区独特的主题，富有感染力，使儿童身临其境体会场地和自然的交互，增强其对外界的感知力和捕捉力。

多萝西·孙（Dorothy Sun）在《儿童色彩心理学》一书深入探讨了色彩与儿童心理的关系，指出色彩不仅是视觉感知的一部分，它还可以影响儿童的情绪、认知和创造力。颜色的选择应该根据儿童的年龄和性别，可以为儿童选择鲜艳的颜色和动物、卡通人物等图案来增加他们的兴趣，而对于青少年，则可以选择更加成熟和深沉的颜色。维克多·罗恩菲德（Viktor Lowenfeld）的儿童颜色偏好实验表明，儿童偏好对比强的色彩和鲜艳的暖色调，如黄色、桃红色。成都东安湖公园的银沙滩乐园和书香岛乐园在颜色搭配上均选择了蓝色和明黄色撞色。其中蓝色是海的颜色，也象征着宁静，蓝色的海面能让孩子们平静下来。大部分游乐设施都是以明黄色作为主色调，明黄色是象征活力的颜色，一方面更能吸引儿童的目光；另一方面可以激发儿童对游戏的兴趣和体验的欲望。在形态方面，"鸟屿探秘"整体设施的设计上形成了一个环状，视野开阔，便于家长们监管。这里的设置形似"鸟""鸟巢"的小建筑，呼应区域主题的同时培养孩子们的局部观察力，使其感受到童趣。银沙滩乐园憨态可掬的"镇水神犀"小建筑融入攀爬、滑梯、秋千等游玩设施，高低起伏的地面，蜿蜒着的水道，周围的戏水互动装置，孩子们可以通过压水、汲水、放水等方式进行趣味互动。

2. 多元文化拓宽儿童视野

从成都东安湖公园整体设计的功能性角度来说，鸟屿探秘和书香岛乐园是两个典型的科普性体验空间。鸟屿探秘既是自然科普乐园也是小型户外鸟类博物馆，引领孩子们走近、发现、体验自然，寓教于乐，让孩子们在游玩的过程中探索学习鸟类的秘密，同时也能使孩子们在森林课堂、科普屋、鸟巢等区域了解到爱鸟护鸟的相关知识，帮助孩子们意识到在自然生态环境中个体的价值，并树立正确积极的生命观。银沙滩乐园活动场地中的科普知识都以儿童容易接触到和理解的方式呈现，能够满足儿童对科学知识的认知。场地中还设计了一系列互动性很强的戏水装置如水枪、水车等，让儿童能在玩水体验中成长，充分满足儿童的求知欲。书香岛乐园更加注重艺术和文化展示，以书卷为主题，结合汉字文化，向孩子们彰显中华文明的博大精深、兼容并蓄和与时俱进。在书香岛乐园的设计中，汉字文化成为最主要的表达方式，将汉字元素应用到场地的每一个细节之处。例如：滑索结合了汉字偏旁进行设计、防护栏杆结合诗句和歇后语设置了可以互动的转轴，在转动间了解成都本土文化；汉字偏旁的小桌子上印有该偏旁部首的汉字，遮阴篷也融入了楔形文字，让孩子们在游玩间受到中华优秀传统文化的熏陶。

从活动策划的角度来看，公园举办了众多的儿童活动，大部分对促进儿童的德、智、体、美、劳五育发展具有积极作用。儿童研学活动、大运博物馆参观活动、儿童义卖活动等都促进了知识的普及，拓宽了儿童的认知视野。儿童友好城市主题画展活动、四季之美花卉拍摄活动等在潜移默化中培养和提高了儿童的审美能力与审美情趣，为儿童形成良好的审美观打下了基础。通过活动让儿童与家人、与知识、与自然互动，将亲情之爱的人际美好、人与自然的和谐美好、寓教于乐的学习美好融为一体，营造美好的生活、学习场景，让儿童在被爱环绕的氛围中健康长大。

3．防护设施保障儿童安全

成都东安湖公园非常重视儿童游乐过程中的安全保障，把保护儿童的安全放在第一位。从公园的规划设计上来看，公园的选址、园内的交通、植物的选择、水体的设计、材质的运用、游乐设施的细节设计，都在一定程度上降低了儿童在公园中的安全风险。首先，公园内的服务设施符合儿童的体型比例，能够更好地为孩子们提供便利，提升公园的儿童友好程度。除老年人、残疾人的自用轮椅和婴幼儿车外，其他车辆不得进入公园，为儿童营造安全的游玩环境。其次，在游玩设施的安全性方面，游乐设施的设计避开锋利的边角，运用柔软的路面铺装材质及环保材料，在每个有高差的滑梯底部设计了沙坑，在漩涡爬网底部设置了防护网，避免儿童从缝隙中滑落到地面受伤。银沙滩乐园为浅水滩，属于安全深度，对儿童坐、躺均不产生安全威胁，并对水深的危险进行了提示。在儿童玩耍区域设计上，公园准备了休息区，家长们在这里能够较好地观察孩子，更好地照顾孩子，避免意外事故。最后，公园植物的选择也是不可忽视的一项安全元素，在植物类型的选用上尽可能地选取安全、无危害和具有科普教育意义的植物，让孩子们更好地体验大自然的魅力。综上所述，成都东安湖公园为孩子们提供了一个安全的游乐、学习空间。

4．亲子互动提升儿童幸福感

娱乐设施是儿童乐园的主要部分，也是亲子互动活动的载体，在成都东安湖儿童乐园内，娱乐设施主要分为摇荡式、滑行式、攀爬式、组合式。在各个乐园中设置了敞开式凹地活动区，结合大型滑梯，使攀爬、嬉水、休憩为一体，亲子可共同参与，尽情开展运动。趣味沙滩、亲子秋千、大滑梯、攀爬墙、平衡杆等可以实现亲子"1对1"合作和共同参与的方式，通过玩耍活动进行语言、肢体、情感上的互动，从而达到亲子增加交流、促进感情的目标。

在银沙滩乐园的活动打造部分，堆沙是孩子最喜欢的活动之一，能够充分发挥孩子的创造力，可增加孩子的展示行为，增进亲子言语交流。儿童和家长也可攀爬上大滑梯，共同滑入沙坑，这既能增加亲子肢体接触，又能够保证孩子的安全。一系列极具互动性的戏水装置如水枪、水车等，让儿童在体验玩水乐趣的同时锻炼了手眼协调、团队协作等能力。家长与孩子们在沙滩上奔跑、穿梭、嬉水，可增强亲子之间的交流。

5．游戏空间丰富儿童感官体验

成都东安湖公园的配套儿童乐园被划分为六个不同主题的空间，遵循孩子的天性，突显乐园童真童趣的特色。在造景上注重形态造型、色彩的运用，结合儿童生理和心理特点，设计人工海滩、造型化石沙丘等多个不同主题特色的游戏空间，并根据不同年龄层的儿童游戏需求及学习的特色设计多个趣味游戏场所。

"鸟屿探秘"乐园以攀爬设施为主，大型高空拓展桥、木桩等可以培养孩子们身体的协调性及平衡感；不同难度的攀爬网，能激发孩子们的探索欲和好奇心；攀爬网下设置小沙池以保障安全，旁边设置了洗手水池。银沙滩乐园以玩沙为主，儿童可以在此以沙子为载体，不断探索创新，创造出充满童趣的小小世界。在沙滩上设置丰富的儿童游乐设施，如滑梯、攀爬架、秋千、摇摆鼓等，满足儿童游玩互动。

书香岛乐园则设置了更多的感官体验和文化探索，调动五感（视觉、听觉、嗅觉、味觉、触觉），启发儿童成长。从儿童友好理念出发，以期满足不同年龄段的孩子对乐园环境的不同需求。书香岛结合山地地形创造出了充满欢乐的地景式乐园——山地盒子。以飘带串联起三个不同功能玩法的小盒子：攀爬盒子、绳网盒子、钻洞盒子，形成一个综合活动空间；其中分布着花式扩展关卡，挑战难度各异。攀爬盒子提供了四种不同的攀爬体验，选用自然的竹木，设计采用安全的坡度和多样的攀爬设施，让孩子们能够自由自在地穿梭其间，是锻炼孩子们勇气的绝佳地点。钻洞盒子以圆润流畅的形态、不同的曲面变化形成了钻、爬等多样的玩法。绳网盒子的内部设计了三层蜂巢爬网迷宫，不限定玩法，儿童在编织网兜中自由地摸索，发挥想象力与创造力，体验绳网的乐趣。书卷塔内部有钻爬筒、拓展桥、平衡杆、爬网、钻筒、观景平台、大滑梯等游乐设备，以锻炼孩子们的协调性、平衡力、探索精神和意志力。

6. 公共服务满足儿童需求

纵观成都东安湖公园的整体设计理念，公园中设置了许多便于儿童步行时察觉的地面指示牌、游乐设施的尺寸和高度等，园区内处处都体现着符合儿童需求的人性化设计。在区域设置方面，根据儿童的年龄阶段和动静需求进行分区，将公园分为不同的主题，设置不同的出入口方便儿童娱乐。最主要的设施区域集中布置在乐园正中间，从主入口进入即可到达，能让儿童一目了然，方便儿童玩耍。为了满足儿童的需求，园区开通了儿童乐园专线，根据儿童游玩特征，在偌大的园区开辟儿童乐园专线，线路长度约 2.5 km，步行时长约 35 分钟，乘观光车仅需 10 分钟左右，大大提高了儿童游玩效率。同时，游客服务中心提供婴幼儿车租赁服务，为小月龄儿童代步提供选择。园区内观光车、电动车、家庭自行车萌趣可爱，带给儿童及其家人快乐的家庭出游时光。

三、成都麓湖生态城红石公园

（一）公园基本概况

成都麓湖生态城红石公园（简称"红石公园"）以"融合共生"为核心理念，将滨水、湿地、森林等多种自然元素融为一体，构筑了一个功能完备、形态丰富的公园体系。在公园设计理念上，红石公园尤为注重儿童活动空间的营造，同时也兼顾了全年龄段人群的需求。此外，红石公园还划分了动态和静态活动区域，以适应不同年龄段儿童身心发展的特点，使儿童身心得到双重锻炼。更值得一提的是，该公园还巧妙结合了系统化的雨洪设计结合，通过景观手段将公园的生态功能发挥到了极致，并为进一步便利周边居民的日常休闲生活，为提高儿童的独立出行能力，公园还设计了连接周边 5 个社区的路线和对应的出入口，增加了公园的可达性。[①]诸多人性化设计不仅提升了该公园的生态效益，更为社区居民儿童提供了一个宜人的休闲空间。自 2015 年建成以来，麓湖生态红石公园已逐渐发展成为我国社区公园模式的创新典范，[②]它的成功不仅在于其优美的自然环境，更在于其深厚的人文内涵和先进的设计理念。

（二）公园区域设计特点

1. 空间划分满足儿童阶段性需求

红石公园以儿童的年龄阶段为基准，科学地对公园进行功能分区，将环境行为学与心理学相结合，设置合理的活动空间和游戏设施，从不同角度打造公园亮点以满足各年龄段儿童的多样化需求。不同年龄段儿童关注重点与活动方式见表 6.2 所列。

表 6.2 不同年龄段儿童关注重点与活动方式[③]

年龄阶段	幼儿期（0~3 岁）	学龄前期（4~6 岁）	童年期（7~12 岁）
关注重点	感官刺激为主，主要关注视觉、听觉、触觉；以身体动作进行探索	关注色彩，模仿能力、动手能力变强；关注人际关系和社会规范，逐步社会化	关注社会文化，发展兴趣爱好，产生社交需求
活动方式	家长不可脱离儿童，行为不具备自主性	儿童可以暂时脱离家长的看护，进行一定的群体活动	儿童可以自主游戏、活动及社交行为

红石公园在公园中心为儿童构筑了一座童话乐园。针对不同年龄段的儿童特点设计了各具特色的功能区，旨在满足 0~12 岁儿童的多元化需求。公园内的儿童活动区域统一命名为七彩乐园区，包含儿童游戏区、儿童拓展区以及林荫休闲区三大区域。儿童游戏区专为 0~6 岁的儿童量身打造，沙坑、滑梯、蹦床、秋千等设施一应俱全，培养儿童的体能运动和感知能力。儿童拓展区则更

① 沈野磊. 以全新理念打造充满野趣的社区公园——成都麓湖生态红石公园考察[J]. 中国花卉园艺，2019（4）：50-52.

② 刘蓝蓝. 基于儿童行为模式的儿童友好型公园规划设计研究[D]. 北京：北京林业大学，2019.

③ 高傲. 儿童友好理念下公共阅读空间适儿化设计研究[D]. 北京：北方工业大学，2023.

适合 4～12 岁的儿童挑战自我。该区域巧妙利用地形高差，设计了一系列可探险攀爬的坡地，并结合树屋滑梯、攀爬网、攀爬圈等多样化设施，锻炼儿童的体能和探索精神等。此外，该区的南侧还设有小型健身休闲区，充分利用墙面健身器材丰富儿童的运动形式。林荫休闲区位于乐园的东南角，是专为 0～3 岁的儿童及其家长打造的游乐休憩空间，能够方便家长看护儿童。区内设有树池座椅和休闲太阳伞，为家长和儿童提供了舒适的休息环境。同时，微地形的塑胶地面也确保了儿童能够较为安全自由地攀爬玩耍。红石公园各功能分区见表6.3 所列。

表 6.3　红石公园各功能分区

区域	适宜人群	活动项目	活动功能
儿童游戏区	0～6 岁儿童	沙坑、滑梯、蹦床、秋千等	体能训练、感知、亲子互动等
儿童拓展区	4～12 岁儿童	穿树滑梯、攀爬设施、滑索等	体能训练、开发探索等
林荫休闲区	0～3 岁儿童	树池座椅、塑胶地形等	休憩、照看儿童、幼儿攀爬等

2. 空间设计推动儿童协调发展

红石公园核心区域太阳谷是儿童活动的主要场所。这一区域结合儿童的年龄阶段特征，既进行了纵向的功能分区，又横向划分为静态与动态两大活动区。静态活动区以香樟棋语林、石生灵泉等景点为代表，夏有蝉噪，秋有蛙鸣；水灵动清澈，候鸟成群，树木成林，自然环境丰富多样，犹如一本城市自然百科全书。同时，红砂岩作为该公园的设计灵感，融入静态活动区的各个角落，从铺装到小品，从设施到挡墙，处处可见其独特的纹理和色彩，充分展现了该公园"儿童与自然生态融合共生"的主题。动态活动区则充满了活力与激情，孩子们在一起玩耍、交流，锻炼了他们的体能和培养了良好的社交能力。值得一提的是，公园在动静分区之间巧妙地利用了密林进行隔离，既保证了两个区域的相对独立性，又使得整个区域呈现出一种自然、和谐的空间感。孩子们自由地穿梭于动静之间，进行感知型活动、运动型活动、社交性活动、建构型活动等多样化活动，在潜移默化中发展儿童的身体抵抗能力、探索能力、语言交流能力的同时陶冶儿童的心性、培养儿童的专注力。

四、成都新希望种子乐园

（一）公园基本概况

成都新希望种子乐园是国内首个以种子成长为主题的儿童乐园，其占地面积 305 亩（1 亩≈666.67 m²）。新希望种子乐园首创"自然教育+乐园"模式，将农业活动与田园风景结合，展现出乡村聚落文化景观与自然美学元素。同时，成都新希望种子乐园又被誉为我国首个自然教育成长乐园，与儿童教育进行深度融合，旨在以自然而然的教育，帮助儿童树立正确的三观，培养儿童的综合素养。

该乐园巧借低缓山谷之自然景观，取藤蔓交织之灵感，挖掘乡村本土元素，保留和还原乡村本土风格，以"一核一心一环三带"的空间布局，将自然野趣与园区环境融为一体。展现了其丰富内涵，如"多彩农田"的盎然生机、"欢乐草坪"的惬意舒展、"Family Club"的亲子温馨、"动物明星小镇"的无尽趣味及"科普探险世界"的深奥神秘，为儿童缔造多重立体的体验。同时，该乐园以自然教育为核心理念，设自然艺术、自然科学、自然人文、自然运动、自然生活五大课程体系，设置 25 个自然教育体验点、33 项自然趣体验活动、百多个自然装置，并聘请 30 名通过专业认证的自然教育导师协同家长带领儿童亲近自然，探索生产、生态、生活与教育传承之间更趣味多元的连接与表达。

（二）公园建设的理念价值

1. 亲自然劳动教育塑造儿童正确价值观

陶行知先生主张"融入自然，沉醉自然，品味亲自然生态教育的宏远"。亲近自然是儿童的天性，儿童喜欢用自己的眼睛、耳朵、手脚去发现世界，认识世界，探索世界。[1]亲自然劳动教育中，不仅要带领儿童走进自然，更要引导儿童探究自然，赋予儿童劳动实践的权利，为儿童提供材料、创设情境，激发儿童自主探究的兴趣。

新希望种子乐园为儿童打造了具有自然劳动教育特色的空间，使儿童从一粒种子出发，通过观察、触碰来了解、想象它的成长历程，"一颗种子如何变成一朵花、一棵树、一整座山林？""蒲公英为什么会飞行？""蔬菜、水果到底从何而来？"儿童都能亲身在成都新希望种子乐园中一探究竟。他们可以

---

① 刘静贤. 亲自然真体验乐生活——探索儿童本位视野下幼儿园劳动教育新样态[J]. 好家长，2023（30）：24.

走到多彩农田边，检阅枝丫上瓜果的数量，感知自然与生命的蓬勃力量；在展示馆里了解植物的生长周期，农业古法灌溉、播种、插秧，蔬菜水果的试验种植与动物共生共存的生存智慧；在禾苗小农场中亲手种下希望的种子，体验耕作的艰辛，感受古人农耕的智慧与坚韧；明白气候的变化对植物生长的重大影响，体会一餐的来之不易；也可以在游戏中扮演各种各样的植物，了解植物如何帮助人类生产、生活、蓄养动物、建设家园，从而深刻感悟种子的故事所蕴含的丰富内涵与深远意义。

亲自然劳动教育不仅与德育、智育、体育、美育有机统一，更是相互渗透、相得益彰的，共同塑造儿童正确的道德观与价值观。新希望种子乐园将田野元素和空间布局融合，引领儿童回归田野，使他们在潜移默化中接受自然劳动教育的熏陶，掌握实用的劳动技能，促进儿童身体发育；同时提升儿童对自然事物的欣赏力、对人与自然关系的理解力、对自然规律与法则的认知力，让儿童学会用自然科学的方法探索和解决问题，认识到人与自然界的一体性。亲自然劳动教育还注重培养儿童的劳动精神与劳动情感，引导他们用感恩的心态对待世界万物，成为保护自然、融入自然、热爱自然之人。在这里儿童学会尊重他人的劳动成果，树立正确的劳动价值观。此外，该乐园还将乡村文化风景的物质、制度、精神三个方面层层递进地展现在儿童面前，让乡村独有的人文艺术价值融入对儿童的教育活动中，使其得到传承和发扬。

2. 探索动物世界，树立儿童积极生命观

儿童热爱自然，渴望在自然中探索；儿童对动物世界充满好奇，喜欢和小动物互动玩耍，但儿童只能从学校、家、小区和动物园等场所认识小动物，从课本知识上学习有关小动物的知识、故事。目前，儿童存在接触小动物时间短、接触动物种类较少或者无法近距离接触小动物等问题（表6.4）。因此，儿童友好型公园内设置儿童视角的萌宠区域具有深远意义。

表6.4　儿童认识动物途径分析

认识动物的场所	认识动物的途径	所认识的动物	缺点
学校	课本知识	金鱼、乌龟、仓鼠等	接触时间短、仅关注理论知识
	萌宠一角		
家	饲养动物	猫、狗、兔子、金鱼、乌龟等	接触的动物种类少
	动画片	《汪汪队》《猫和老鼠》等	动物形象仅仅存在想象之中
	睡前故事	《小马过河》《小蝌蚪找妈妈》等	

续表

认识动物的场所	认识动物的途径	所认识的动物	缺点
小区	花园	蝴蝶、蝉等	环境不利于生存、接触动物具有随机性
	池塘	鱼类	
动物园	园所场地	老虎、长颈鹿、鳄鱼、大象、猴子等	无法近距离接触

新希望种子乐园的动物明星小镇是我国西南地区首个以"动物福利，尊重动物"为核心理念，倡导人与动物和谐相处、人与动物零距离接触的教育基地。该乐园以动物为桥梁，连接儿童与自然。儿童通过观察园内各种各样的小动物，建立起对不同动物的认知，满足对小动物的好奇心和求知欲，丰富自己的精神世界。儿童也可以通过观察饲养员们照顾小动物的行为来了解不同动物的特点、习性及生活形态，学会爱护小动物的行为习惯。儿童与小动物亲密接触，抚摸等行为能满足儿童对小动物的好奇，激发其对小动物的保护欲，培养其共情能力。

已有学者发现，个体对动物共情能促进人际共情。鼓励儿童与动物接触来提升人际共情，能够减少儿童的攻击性行为，促进儿童的同伴交往、亲社会行为、利他行为、分享行为，培养他们的爱心、耐心和责任心，使他们获得心理、生理、思维及行为的发展，帮助他们树立正确、积极的生命观。图 6.1 所示为儿童与动物互动的优点。

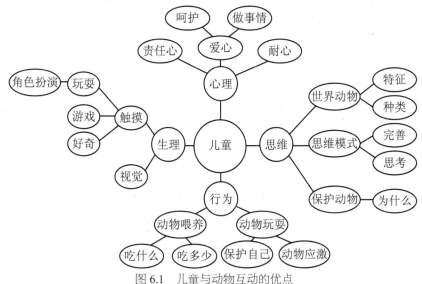

图 6.1　儿童与动物互动的优点

第三节　儿童友好型公园资源建设的理性思考

　　儿童友好型公园资源建设是构建儿童友好城市大格局中重要的一部分。公园资源建设只有切实从儿童的角度出发，才能更加贴近儿童最真实的需求。要坚持儿童友好理念先行，让儿童友好的意识深入人心，坚持儿童优先和儿童利益最大化。本节对儿童友好型公园资源建设现状、发展路径进行深入探究，并通过分析成都市儿童友好型公园建设中的存在的问题，以探索成都儿童友好型公园资源建设路径模式，总结出具有普遍性与可操作的经验，为不同地区的儿童友好型公园资源的建设提供参考。

一、儿童友好型公园资源建设的实践路径

　　我国儿童人口规模大、占比高，在儿童友好城市资源建设领域积极开展了以儿童需求为导向的城市空间体系建设的全方位探索。如成都市积极引导儿童成长空间进行适儿化建设与改造。坚持儿童优先原则，结合城市自然条件、文化民俗等特色优势，打破传统观念，满足儿童教育、游憩、交往、探索等需求，全面保障儿童健康成长，不断打造新颖的、有活力的儿童友好型公园。通过对成都市部分儿童友好型公园的案例分析和总结，作者从亲近自然性、互动参与性、安全性、寓教于乐性、人文性等几方面的设计原则，整理出儿童友好型公园资源建设的实践路径。图 6.2 所示为儿童友好型公园的设计原则。

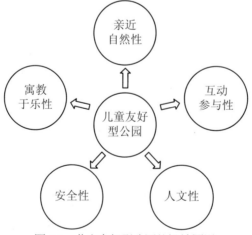

图 6.2　儿童友好型公园的设计原则

（一）利用自然资源，强化公园教育功能

儿童友好型公园建设不只是简单地圈定一个范围来划定儿童的活动空间，而是充分利用周边的自然环境为儿童营造进行教育和实践的活动空间，这也是儿童友好型公园与其他城市公园相比的优势所在。儿童友好型公园具有一定的自然教育功能，是由承载体验自然活动的亲自然场所和支持学习自然的非正式学习场所构成的"二元"复合型场所。在保持公园景观合理度的同时，也要保持每个空间有自己的特殊性与独特性，能让儿童在其中发挥自己的天性，在不同的环境中产生不同的天马行空的想法，拓展其想象力和创造力。

儿童友好型公园的自然教育功能得以在以下五个方面体现：走进自然、认识自然、亲近自然、学习自然及和谐自然。[①]走进自然以激起儿童对自然的兴趣为主，使儿童直接体验山、水、木、石、土壤、植物、动物、微生物等自然元素，体验由自然元素组合成的气象气候、地质地貌和自然生态系统等，通过视觉、嗅觉、触觉、听觉接触自然，得到一个对自然的初步印象，可以更好地激起儿童的探索欲和求知欲。认识自然则是指在家长的陪同下，儿童对自然事物的初步认知，如小溪、树木、花朵等自然景观。在父母的引导下，儿童更容易接受新事物，有利于儿童世界观与价值观的建立与完善。儿童通过进一步亲近自然，在脑海中形成一个鲜活的自然轮廓。儿童可以在这里探索自然、获得乐趣，对一些城市中见不到的生物有更深刻的认识与了解。此外，可以利用种子、植物、小动物、非遗文化馆和科普教育馆等向儿童普及相关知识。和谐自然是指儿童在走进自然、认识自然、亲近自然和学习自然后，形成了自己对自然的热爱，最终实现人与自然的和谐相处。

成都市成飞航空主题公园、麓湖生态城红石公园及新希望种子乐园都是体现公园自然教育功能的典范，尤其是新希望种子乐园，以"三农"为基础，以"一粒种子"为主题使儿童走进自然、认识自然；使儿童了解花、树、蔬菜及水果的由来从而亲近自然；让儿童亲身劳作，体验过程，分享自己的劳动所得。图6.3所示为儿童友好型公园、儿童及自然素材的相互关系。

---

① 邱颖哲. 基于自然教育理念的儿童公园设计——以厦门儿童公园为例[J]. 居舍，2022（33）：97-100.

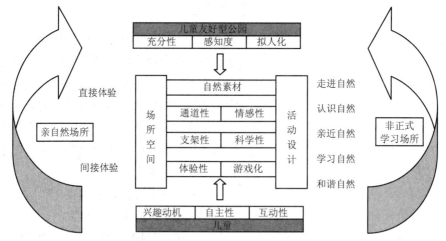

图6.3 儿童友好型公园、儿童及自然素材的相互关系
（图片来源：作者自绘）

（二）坚持以儿童为本，满足儿童身心发展需求

处于不同年龄阶段的儿童在生理、心理特征和活动能力等方面存在差异，儿童友好型公园根据儿童不同的行为模式，划分出不同年龄段儿童活动空间的功能分区。通过对成都市儿童友好型公园案例的分析，可以发现成都儿童友好型公园大部分都体现了年龄分区，同一游乐设施也经常会有不同大小的尺寸，进行了细节区分。例如，红石公园以儿童的年龄阶段为依据，对儿童的心理行为特征进行功能分区，将公园分为儿童游戏区、儿童拓展区及林荫休闲区等，以灵活满足不同年龄儿童的需求。因此，儿童友好型公园可以尝试按照儿童年龄段分为婴儿区（0~3岁）、幼儿区（3~6岁）、少年区（6~12岁）。

0~3岁婴儿活动区：0~3岁的儿童活动能力较弱，所需场地面积较小。婴儿必须全程有监护人陪伴，活动场地适宜视野开阔的空间布局，并设置家长休息设施，确保家长可以随时看护小孩。这一阶段的儿童对规则性的游戏理解较差，多通过身体触摸感知世界、获得知识。因此，在设计中可偏向色彩搭配丰富的空间或多采用自然要素设计游戏活动，例如沙、水、树叶等，通过触摸感知不同材质使儿童形成基本认识。

3~6岁幼儿活动区：处于学龄前期的儿童，其活动时间比较自由，该阶段的儿童身体协调能力以及灵活度得到了提升，活动能力得到了增强，他们对于场地的需求面积扩大，因此场景设计需要兼顾多样性和安全性。此外，该阶段儿童的想象力水平开始提升，并开始有社会交往的需求，公园中可以多设置一些团体活动类的游戏，例如角色扮演类的游戏，通过儿童之间的交流合作促进儿童认知的发展。

　　6～12 岁少年活动区：该年龄段的儿童受时间的限制，通常会在放学后以及节假日进行户外活动，此阶段的儿童认知能力增强，活动种类多样，活动区的设计要更具挑战性。同时，这个阶段的儿童开始出现性别差异，在活动的选择上男生倾向于体能类游戏活动，而女生通常偏好静态类和组团类的活动。其次，这个阶段的儿童在活动空间上对教育性有着更高的要求，可以增加规则类活动和科普教育类活动的设计。表 6.5 所列为儿童友好型公园分龄活动空间设计原则。

表 6.5　儿童友好型公园分龄活动空间设计原则

年龄段	儿童发展特征	游戏需求	空间需求	空间设计
婴儿期 （0～2岁）	身体成长 心理感官成长 基本语言发展	身体游戏 象征游戏	视野开阔 空间独立 充足日照	体能发展机会 合适的难度 思维认知发展 基本交流机会
幼儿期 （3～6岁）	身体成长 角色扮演 动作精确性 认知周围环境 语言表达精确	身体游戏 象征游戏 结构游戏	安全公开 主题丰富	体能发展机会 开发探索自然 想象力的开发 空间多样性 人际互动场所
少年期 （6～12岁）	更多体格运动 人际关系学习 创造力发展	身体游戏 象征游戏 结构游戏 规则游戏	活动种类多样 挑战性 教育性 规则性	设施可强健体魄 多人际沟通交流 开发探索自然

（三）确保风险可控，保障儿童安全

　　安全是儿童友好型公园需要考虑的重要因素，安全的活动空间对儿童活动至关重要。儿童自我保护能力较弱，安全防范意识较弱，容易受到来自外界的伤害。2011 年，据中华人民共和国教育部、联合国儿童基金会与全球儿童安全组织（中国）的不完全统计，我国每年至少有 1000 万儿童受到意外伤害，约占儿童总数的 10%。其中，约 10 万儿童意外死亡，近 50 万的儿童因此残疾。因此，在儿童友好型公园的设计上，首先要保证儿童的安全，防止儿童在活动中遭受伤害，营造安全舒适的空间供儿童活动。基于儿童友好型公园安全的细致考究主要应满足五个方面①，即空间安全性、游乐设施安全性、动植物安全性、道路安全性和细节安全性。具体表现在公园内的交通、植物的选择、材质的运用以及游乐设施的细节设计等，使公园活动的风险具有可控性。

在公园整体布局上，儿童活动空间首先可以选择紧邻公园的主路，并使出入口具有较强的通透性。其次，游乐设施的设计应当将儿童的身体高度考虑在内，设施要避免有尖锐棱角，采用软质的铺装设计、使用环保的材质等来提升公园的儿童友好度。另外，需要在儿童的游乐区域设置家长休息区，避免出现视线盲区，为家长提供更开阔的监测环境，便于扩大监护距离，为儿童提供更多独立活动的机会，防止意外的发生。最后是植物的安全，公园中植物是不可或缺的一项元素，在植物种类的选择上应该选择无毒、无刺、无刺激性气味的植物种类，并且尽量避免有果毛飞絮的植物，带刺的植物如黄刺梅、枣树、虎刺梅等易刺伤儿童皮肤；刺激性植物如天竺葵、野菊花等易引起儿童过敏反应；果毛飞絮过多的植物如柳树、蒲公英等会造成儿童呼吸道疾病，有毒的植物如夹竹桃、绣球花、银杏等会直接造成生命危险。②例如：东安湖公园关注儿童游乐过程中的安全保障设置。在园内交通方面，除老年人、残疾人的自用轮椅和婴幼儿车外，其他车辆不得进入公园，为儿童营造安全的游玩环境；在设施的设计上，避开锋利的边角，运用柔软的路面铺装材质以及环保材料，在每个滑梯底部设计了沙坑，在漩涡爬网底部设置了防护网；在水体设计上，将水深控制在安全深度，儿童坐、躺均不产生安全威胁，并对危险进行了提示。

（四）挖掘公园特色，传承历史文化知识

儿童友好型公园是儿童受教育与成长的重要场所，在进行城市公园的规划和建设中，更需要去深入挖掘本地文化，将其巧妙地融入公园的建设之中，做到寓教于乐，亦是儿童友好理念的一种体现。对于儿童而言，枯燥乏味的知识展现形式难以激发他们的兴趣，将公园设计与文化、故事或历史相结合，将社会文明的脉络贯穿其中，可以提升儿童的兴趣值，更加利于他们的理解和接受。例如，成飞公园的设计弘扬了航空航天精神，让儿童在公园中参与各种活动，感受航空先辈排除万难、逢山开路、遇水架桥的报国精神，激发儿童的爱国热情；东安湖公园中"书香岛乐园"区域注重艺术氛围和文化展示，以书卷为主题，结合汉字文化，向儿童彰显中华文明的博大精深、兼容并蓄和与时俱进。

---

① 吴刘帅. 乡村中的儿童自然教育基地景观规划研究[D]. 杭州：浙江农林大学，2020.
② 吕志祥. 儿童娱乐场所的景观设计[J]. 现代园艺，2014（6）：1.

这些方式都使儿童友好型公园的文化功能依附在儿童的娱乐之中，使他们在游乐、嬉戏的过程中，潜移默化地感受历史文化，并传承城市优秀文化与精神。

儿童友好型公园不仅是儿童嬉戏玩耍的乐园，更是一个充满艺术气息的教育空间。艺术元素与公园的每一处景观相互交融，共同为儿童打造出一个充满想象与创意的世界。公园内的艺术装置引领着儿童探索自然的奥秘，以奇特的造型吸引儿童的目光，以丰富的色彩激发儿童的想象力，为他们提供更好的空间体验。艺术特色的展示让这些自然的元素更加生动形象地呈现在儿童面前，以激发儿童的探索精神和求知欲望，从而培养儿童的早期审美意识，使儿童逐渐形成自己的审美观念和价值观。

（五）打造互动参与空间，满足儿童情感体验

儿童友好型公园的建设需充分考虑到不同年龄段儿童的生理及心理需求，让他们自然而然地与外部环境产生沟通交流，乐于与公园互动，只有两者产生积极的互动交流，才能达到情景交融，才能使儿童最大程度地感知自然。儿童与公园的互动参与包括精神层面和行为层面两个方面，精神层面指在儿童感官受到强烈冲击后所带来的情感体验，如成飞航空主题公园展示了工业时代留给城市的印迹，是一座城市的历史、文明留下的标志。应该通过公园的内部设计让儿童情感得到震撼，并对上个时代的产物赋予新的生命，使儿童对这些"庞然大物"产生新的认知；行为层面的互动则需要通过具体活动、互动空间进行参与体验，才能使儿童产生情感共鸣，获得愉悦感，同时增添公园的趣味性。[①]在行为参与的过程中，儿童对于场所中的互动对象是多样的，儿童间的、儿童与整体空间的、儿童与动植物的、儿童与景观设施等都能产生良性互动。

就空间设计而言，公园中大部分空间并非具有单一功能性，往往具有复合性和兼容性，不同空间在不同时间段能够为不同人群提供相应的需求场地，这激发了儿童之间、儿童与家长之间的互动，使公园的互动性更加富有生机活力。设施是儿童友好型公园资源建设中不可或缺的部分，也是公园空间中最能打造出参与性的节点。景观设施包括但不限于座椅、垃圾箱、指示牌、路灯等，景观小品也不限于雕塑、壁画等，儿童友好型公园的建设愈加注重与空间的对话以及与儿童的互动和沟通，[②]公园设计注重儿童与设施的互动性，同时也使家

---

① 李可. 公园互动性景观设计分析[J]. 现代园艺，2019（22）：110-111.

② 周鸽. 探究人与自然互动的城市景观设计方法[J]. 美与时代（城市版），2016（12）：51-52.

长有机会积极参与到儿童游戏之中，从而加强与儿童的沟通互动。

（六）重视完善设施，凸显友好人文关怀

儿童友好型公园建设应该考虑适龄性，各类活动空间的设计和游戏设施的布置要符合不同年龄儿童群体的身体特征、活动尺度。在公共服务设施方面，公园应在儿童游乐活动场地的周围设置育儿室、亲子卫生间、高低洗手池等设施，按照家长和儿童的身体尺度合理设计，方便家长与儿童的共同使用，提升公园对家长和儿童的友好度。游戏场地周边设卫生间、母婴室、饮水器、婴儿车停放场地；考虑到残障儿童的使用，设置无障碍设施。公园配套设施友好不仅要对儿童友好，还包括对看护家长的友好。儿童游戏场中合理设置家长交流、休息的空间与设施，如兼具遮阳、避雨功能的廊架、座椅供儿童与家长休憩、互动，让家长不再只是站立的看护者，家长们休息的同时看管孩子，保障孩子们活动的安全性。

二、儿童友好型公园资源建设的问题与挑战

（一）缺乏建设儿童友好公园规范引领性文件

目前，国内儿童友好型公园数量不多，且主要集中在广州、深圳等大城市。我国大部分城市还没有建设儿童友好型公园，或是仅在综合公园中配置儿童游乐区。相较于其他国家，我国儿童公园规划建设暂时还不够成熟，缺乏系统性指导儿童公园规划建设的标准和规范。从国家级公园和绿地相关的规划和标准来看，都未对儿童公园的用地规模、分级、设计提出具体要求。从地方实践层面来看，《成都市公园城市绿地系统规划（2023—2035年）》中指出实现城市绿地率不低于40%，人均公园绿地面积不低于14平方米，公园绿地服务半径覆盖率不低于90%，但并未对儿童友好型公园的建设进行更进一步的明确。正是由于缺少相关的标准和规范，在一定程度上反映出儿童公园建设进度上稍显滞后。儿童公园的规模与城市儿童人口数量还不匹配，人均儿童公园面积远低于发达国家水平。

（二）公园内儿童友好标识的缺失

儿童友好型公园的标识系统作为连接儿童与公园的纽带，不仅是简单的方向指引，更是促进儿童自主探索、保障儿童安全及增强儿童与公园互动体验的桥梁。明确的公园标识帮助儿童快速识别公园区域、传播公园活动信息、培养儿童通过识别公园标识信息独立解决问题的能力。由于年龄的特征，儿童对于

文字的识别程度和标识信息的识别判断程度也存在一定的差异。成都儿童友好型公园内部标识绝大多数以成人的标准进行设计，鲜有考虑儿童的认知能力与审美偏好，在儿童视角下，成人化的标识复杂、晦涩，不利于儿童及时理解与捕捉关键信息，降低了儿童的独立性和自主性。优化儿童友好型公园的标识系统，采用更加鲜明生动的色彩，简洁明了的图形符号以及符合儿童认知水平的语言描述，对于提升公园的儿童友好度至关重要。

（三）儿童友好型公园景观资源与主体需求的错位

目前国内许多城市公园普遍存在公园景观与主体需求出现了不同程度脱节的现象。[①]就成都市而言，虽然每一个区都有儿童友好型公园，但因其空间分布、交通可达性和开放时间所限，并不能很好地满足市区儿童日常游憩的需求；与此同时，成都市儿童友好公园景观资源在周一至周五开放时段却大部分处于闲置状态，明显存在供给与需求错位的情况。此外，城市环境中存在诸多儿童游憩安全隐患，儿童户外游憩离不开家人的看护或陪伴，而通常家长们在工作之余的日常闲暇时间较少，能看护儿童户外游憩的时间非常有限，活动范围也仅限于住所周边的社区区域。儿童基本游憩需求大多只能在周末、节假日等时段得以暂时释放，这也是儿童友好型公园等游憩景观在周末或节假日出现超容量承载的原因。因此，儿童友好型公园的规划、设计、建设和运营需进一步跟进绝大多数游憩主体需求，以促进儿童友好型公园更有效地满足主体的需求。

（四）公园维护管理难度大

儿童友好型公园建成投入使用后的管理、维护是游憩景观可持续发展不可或缺的一个重要环节。首先，儿童的活动特性和需求对公园设施和环境提出了特殊要求。儿童在公园中的活动往往更加活跃和多样化，这使得公园内的设施需要承受更高的使用频率和强度，从而导致设施损坏和磨损的速度加快。其次，儿童对公园的安全性和卫生条件要求也更高，这也要求公园维护管理团队必须更加细致专业地进行管理和维护。公园的设计和建设往往需要注重创新和多样性，以吸引儿童的注意力和兴趣。然而，多样化的设施和景观元素需要更加专业的维护知识和技能，这也带来了管理上的挑战。最后，儿童友好型公园的维护管理包括设施维护、绿化养护、卫生清洁等，需要投入大量的人力和物力资

---

① 毛之夏. 城市公园游憩吸引力研究——以长春市为例[D]. 北京：中国科学院大学，2017.

源，维护管理难度增加。实际上，公众对儿童友好型公园的认识和重视程度也会影响维护管理的效果。若公众对公园的保护意识不强，随意破坏设施或乱扔垃圾等，这些行为同样会增加维护管理的难度。

（五）协同建设机制尚未形成

儿童友好型公园的设计和建设涉及多领域、多学科间的协同合作，包括儿童心理学、教育学、体育学等，跨学科的研究和合作才能达成先进理念和有效经验的合力。虽然成都市政府及相关部门已经制定了儿童友好城市建设实施方案，明确了儿童友好型公园建设的目标和任务，为多学科合作提供了政策引导。但是，目前各领域、各部门之间的合作机制尚未完全形成，儿童友好型公园的建设缺乏一个统一的规划和指导机构，例如，城市规划管理部门、人力资源和社会保障部门、卫生健康委员会以及政府街道办事处在公园建设过程中各自为政，难以充分发挥各自的专业优势，难以形成合力，实现公园建设方面的综合效益最大化，从而影响儿童友好型公园的建设进度，还可能导致公园的功能布局不合理，无法满足儿童的实际需求。在儿童友好型公园规划和建设过程中，各个部门之间往往缺乏有效的沟通和协调机制，这也会导致公园建设的各个环节之间衔接不畅，出现重复建设或资源浪费等问题。

三、儿童友好型公园资源建设的优化建议

（一）细化公园建设标准，加强指标管控

《城市绿地规划标准》（GB/T 51346—2019）中提出："大城市、中等城市人均专类公园面积不应小于 1.0 m²/人，大城市及以上规模的城市人均专类公园面积不应小于 1.5 m²/人"。[1]但是，目前对儿童公园的人均面积没有官方文件进行更具体的规定。建议在传统绿地规划指标的基础上，补充和增加儿童公园的供给指标，比如人均儿童公园面积、万人拥有儿童公园数量、儿童公园占城市建设用地比例等指标。如广州市儿童约占总人口的11%，儿童公园用地规模宜按照儿童人口占总人口的比例设置，即占城市园林绿地总体规模的10%以上，儿童人均占有儿童公园用地宜设置在 0.95～1.10 m² 以上。

《城市绿地规划标准》中还提出："儿童公园面积宜大于2公顷"，这一规定过于宽泛，难以指导儿童公园高质量建设。建议各地出台儿童公园规划建设

---

[1] 中华人民共和国住房和城乡建设部.城市绿地规划标准：GB/T 51346—2019[S]. 北京：中国建筑工业出版社，2019.

指引，对儿童公园的选址、服务半径、规模、用地构成提出更高、更具体的要求。深圳市出台的《儿童公园（园区）设计规范》（SZDBZ 331—2018），对儿童公园的规模分级、用地、设计、设施配套等提出规范指引。对公园内部的空间布局、设施设备进行规范，并考虑空间及设施的功能转换及各年龄层次共享的可能性；拟定不同空间类型设计引导标准，从材质、标识、设施配备以及设计表达等方面进行引导；制定儿童户外活动空间安全标准体系，对儿童设施设备、相关材质的安全进行规范。

（二）合理规划建设数量，实现区域均等

要解决儿童友好型公园景观资源与主体需求错位的问题，关键在于规划建设儿童友好型公园的同时，根据区域的特点和儿童人口数量，确定儿童公园的规模和设施。对于儿童人口数量较多的区域，可以建立大型综合性的儿童友好型公园，例如成都麓湖云朵乐园、东安湖公园的建设都满足了该区域内居民，甚至区域外儿童的游憩需求；对于儿童数量较少的区域，可以考虑在社区和学区周边积极规划建设类似口袋公园、社区公园的小型儿童友好型公园，比如沈阳市青少年宫口袋公园、沈阳泵道公园在现有口袋公园基础上，增加儿童游憩、运动场地，以及科普教育、无障碍、基础服务等相关的各类适儿化设施，从儿童视角出发，尊重儿童身心发展特点、考虑儿童及看护人活动特征，让儿童公平享有便捷、舒适、包容的设施、空间和服务，较好地避免公园景观与游憩主体时间上的错位。[①]

（三）管理制度引领，共同维护公园建设

针对儿童友好型公园后期管理维护难度大这一问题，政府可出台相关管理制度，对儿童友好型公园的维护和管理给予明确的指导和支持，包括制定公园维护管理的规范和标准，明确公园管理的职责和权限，以及提供必要的财政补贴和资金扶持。公园管理部门加强对管理人员的培训和教育，提高他们的专业素养和管理能力，定期对设施进行检查和维修，确保设施的安全性和完好性。积极应用现代科技手段提升儿童友好型公园的管理效率，例如，利用智能化监控系统对公园进行全面监控，及时发现和处理安全问题；利用大数据分析游客的行为和需求，为公园的优化和改进提供数据支持；利用物联网技术实现设施的智能化管理和维护等。

儿童友好型公园的维护管理也需要社会各界的广泛参与和支持。公园管理

---

① 于海. 一米视角 沈阳推进儿童友好型口袋公园建设[N]. 沈阳日报，2024-06-18（2）.

部门应积极与社区、学校、企业等建立合作关系，共同推动公园的建设和发展。例如，英国爱丁堡的公园之友组织（Friend of Parks Group）、美国波特兰公园的朋友和伙伴（Friends & Partners）组织，以市民为主体的民间组织在政府部门监管下管理维护特定的城市公园，制订相应的工作计划，负责日常管理，取得了良好的社会和生态效益①，增强了公众对公园的认知和参与度，形成了良好的社会参与联动的氛围。

（四）完善综合决策机制，推动有效协作

儿童是具有特殊发展需求的社会群体，为其打造儿童公园游戏环境受到社会各方的普遍关注，因此，亟需完善儿童友好型公园建设管理综合决策机制，以改变由政府部门制订及实施城市公园政策的单一做法，将生态、绿地、教育和景观规划与城市发展、产业发展、教育发展和基础设施建设规划等相结合，互相配合、互相补充，确保公园建设的各个环节之间能够协调一致。同时，加强相关领域专家、学者之间的交流合作，为公园建设提供更多的理论支持和实践经验，共同推动公园建设的不断创新和发展。积极促进景观设计师、儿童教育专家、生态保护专家、游戏设计师、工业设计师和雕塑艺术家等多学科专家的通力合作，形成合力。例如，新加坡滨海湾公园在建设过程中，其政府就采用了综合决策机制，邀请了多家设计公司、建筑师、景观师等共同参与公园的规划设计建设；同时，广泛征求市民意见，确保公园能够满足广大市民尤其是儿童的需求②，为儿童群体提供更加优质的游憩环境。

随着城市化进程的快速发展，城市环境在儿童成长和发展中的重要性日益凸显。公园资源建设作为推动儿童友好城市建设的关键一环，亟需被赋予更为丰富的教育内涵与功能。以儿童友好为导向，聚焦儿童友好型公园的教育属性，强化儿童友好型公园的教育功能，从儿童的实际需求与成长规律出发，共同构建促进儿童健康成长、激发学习潜能、助力全面发展的城市公园，为儿童友好城市的可持续发展注入新的活力与希望。

---

① 邓炀，王向荣. 公众参与城市绿色空间管理维护——以坦纳斯普瑞公园为例[J]. 中国园林，2019，35（8）：139-144.

② 李泽，张天洁. 迈向"花园里的城市"——新加坡滨海花园设计理念探析[J]. 中国园林，2012（10）：114-118.

参 考 文 献

[1]白玮. 中国特色儿童友好型城市建设经验与启示——以深圳市为例[J]. 社会福利（理论版），2020（8）：51-54.

[2]蔡小慎，刘存亮. 公共资源交易领域利益冲突及防治[J]. 学术界，2012（3）：47-54.

[3]常梓渝，李光跃. 麓湖生态城社区互动性景观设计研究[J]. 四川农业科技，2022（4）：73-75.

[4]陈鹏辉，何杰峰. 公共资源出让的根基性问题探讨[J]. 商业时代，2013（35）：112-113.

[5]程学红. 论公共文化服务体系中图书馆少儿服务的作用[J]. 黑龙江史志，2014（22）：108-109.

[6]崔卓缘. 基于"儿童友好"与"专业支持"的图书馆探索——以上海少年儿童图书馆"空间认知"课堂为例[J]. 福建教育，2020（40）：7-9.

[7]邓凌云. 基于"儿童友好城市"背景下的地方规划实践探索——以长沙市为例[C]//中国城市规划学会，东莞市人民政府. 持续发展 理性规划——2017 中国城市规划年会论文集（14 规划实施与管理）. 长沙市城乡规划局规划编制处；2017：6.

[8]邓炀，王向荣. 公众参与城市绿色空间管理维护——以坦纳斯普瑞公园为例[J]. 中国园林，2019（8）：139-144.

[9]丁元竹. 中文"社区"的由来与发展及其启示——纪念费孝通先生诞辰 110 周年[J]. 民族研究，2020（4）：20-29.

[10]傅淳. 爱生学校与《儿童权利公约》——以学生为本尊重与保护学生权利的教育理念与实践[J]. 学术探索，2002（3）：84-86.

[11]高傲. 儿童友好理念下公共阅读空间适儿化设计研究[D]. 北京：北方工业大学，2023：18.

[12]高希平. 低碳原则下的生态友好型社区建设研究[J]. 科技资讯，2011（5）：255.

[13]管华. 儿童权利的证成[J]. 西部法学评论，2014（3）：40-46.

[14]韩方彦. 公共资源的经济属性分析[J]. 理论月刊，2009，（3）：74-77.

[15]韩光淼，周源，康雨薇，等. 国外儿童友好城市建设的启示[C]//中国城市规划学会，重庆市人民政府. 活力城乡 美好人居——2019 中国城市规划年会论文集（07 城市设计）. 深圳大学；2019：10.

[16]韩怡华. 省级少年儿童图书馆的功能定位——以上海少年儿童图书馆新馆为例[J]. 内蒙古科技与经济, 2019（1）: 118-120.

[17]何彩平, 赵芳, 曾凡林. 儿童友好家庭指标体系构建——基于儿童和专家的双重反馈视角[J]. 社会建设, 2023（3）: 26-38.

[18]黄慧敏. 国外儿童友好城市建设的实践经验及启示[J]. 住宅与房地产, 2021（23）: 77-80.

[19]黄军林, 李紫玥, 曾钰洁, 等. 面向"沟通行动"的长沙儿童友好规划方法与实践[J]. 规划师, 2019（1）: 77-81.

[20]姜薇薇. 儿童友好视角下社区微更新现状及优化策略[J]. 建筑与文化, 2020（2）: 162-163.

[21]蒋炜康, 孙鹃娟. 居住方式、居住环境与城乡老年人心理健康——一个老年友好社区建设的分析框架[J]. 城市问题, 2022（1）: 65-74.

[22]蒋永甫. 网络化治理: 一种资源依赖的视角[J]. 学习论坛, 2012（8）: 51-56.

[23]蒋永萍. 优先、尊重、友好、支持: 同创共建更加和谐友好的家庭和社会环境[J]. 中华家教, 2021（5）: 6-13.

[24]康宇. 中国城市社区治理发展历程及现实困境[J]. 贵州社会科学, 2007（2）: 65-67.

[25]孔俊婷, 任家贤, 陈天钰. 基于儿童友好的社区公共空间更新策略研究——以石家庄泰华街社区为例[J]. 住宅与房地产, 2020（12）: 42-43.

[26]李静, 凌鹭. 儿童友好: 多维意涵与时代价值[J]. 当代青年研究, 2023（2）: 100-111.

[27]李珺, 李赐生. 儿童图书馆室内空间设计特征研究[J]. 家具与室内装饰, 2018（2）: 116-117.

[28]李可. 公园互动性景观设计分析[J]. 现代园艺, 2019（22）: 110-111.

[29]李树文, 袁泉. 国外儿童友好社区建设经验对我国的借鉴[J]. 市场周刊, 2019（6）: 141-142.

[30]李祎杨. 党建引领城市社区资源整合研究[D]. 南充: 西华师范大学, 2022.

[31]李雨姝, 鄢超云. "儿童友好"理念的核心内涵及其教育实践[J]. 学前教育研究, 2023（3）: 48-57.

[32]李圆圆, 吴珺珺. 通过幼儿步行巴士提高社区儿童友好度的研究[J]. 西南大学学报（自然科学版）, 2018（9）: 171-180.

[33]李泽, 张天洁. 迈向"花园里的城市"——新加坡滨海花园设计理念探析[J]. 中国园林, 2012（10）: 114-118.

[34]李志鹏. 儿童友好城、市空间研究[J]. 住区, 2013（5）: 18-23.

[35]刘贝, 邓凌云. 儿童参与视角下的儿童友好型社区空间微更新[C]//中国城市规划学会, 重庆市人民政府. 活力城乡 美好人居——2019中国城市规划年会论文集（20住房与社

区规划）. 长沙市自然资源和规划局规划编制处；长沙市规划勘测设计研究院；2019：9.

[36]刘静贤. 亲自然真体验乐生活——探索儿童本位视野下幼儿园劳动教育新样态[J]. 好家长，2023（30）：24.

[37]刘蓝蓝. 基于儿童行为模式的儿童友好型公园规划设计研究[D]. 北京：北京林业大学，2019.

[38]刘尚希，樊轶侠. 公共资源收益形成与分配机制研究[J]. 财政经济评论，2014（2）：1-22.

[39]刘娴静. 城市社区治理模式的比较及中国的选择[J]. 社会主义研究，2006(2)：59-61.

[40]刘宇. 儿童友好学校：高质量学校发展的可能路径[J]. 教育发展研究，2022（Z2）：25-32.

[41]楼惠新，王黎明. 论公共资源开发中的参与式管理问题[J]. 中国农业资源与区划，2002（5）：39-42.

[42]吕晋. 南陵县教育公共资源服务体系建设现状探析[J]. 中外企业家，2016（26）：239.

[43]吕志祥. 儿童娱乐场所的景观设计[J]. 现代园艺，2014（6）：1.

[44]马捷，锁利铭. 区域水资源共享冲突的网络治理模式创新[J]. 公共管理学报，2010（2）：107-114.

[45]马壮昌. 建立统一规范的公共资源交易市场[J]. 价格理论与实践，2011（6）：20-21.

[46]毛之夏. 城市公园游憩吸引力研究——以长春市为例[D]. 北京：中国科学院大学，2017.

[47]茅锐，丁莉，和春婷，等. 县域内义务教育公共资源校际配置研究——以M县城区小学教育设施设备的不均衡为切入点[J]. 教育导刊，2018（2）：20-24.

[48]孟雪，李玲玲，付本臣. 国外儿童友好城市规划实践经验及启示[J]. 城市问题，2020（3）：95-103.

[49]彭福伟. 构建儿童友好型社会的思考[J]. 中国国情国力，2020（12）：39-41.

[50]邱柏生. 论社区资源类型及其整合方式[J]. 探索与争鸣，2006（6）：33-35.

[51]邱颖哲. 基于自然教育理念的儿童公园设计——以厦门儿童公园为例[J]. 居舍，2022（33）：97-100.

[52]屈锡华，陈芳. 从水资源短缺看政府对公共资源的管理[J]. 中国行政管理，2004（12）：12-13.

[53]桑玉成. 人民城市治理的主体、权力与体制[J]. 探索与争鸣，2023（12）：11-15.

[54]沈瑶，张丁雪花，李思，等. 城市更新视角下儿童放学路径空间研究——以长沙中心城区案例为基础[J]. 建筑学报，2015（9）：94-99.

[55]沈野磊. 以全新理念打造充满野趣的社区公园——成都麓湖生态红石公园考察[J]. 中国花卉园艺, 2019（4）: 50-52.

[56]施雯, 黄春晓. 国内儿童友好空间研究及实践评述[J]. 上海城市规划, 2021（5）: 129-136.

[57]宋星奇. G区儿童友好社区建设项目的实践研究[D]. 南京: 南京师范大学, 2021.

[58]孙飞, 仲鑫, 李霞. 认知症友好社区的建设和发展: 中美社区案例的比较分析[J]. 中国护理管理, 2019（9）: 1295-1301.

[59]孙荣, 葛文佳. 城市治理中的企业社会责任探究[J]. 新视野, 2008（2）: 38-40.

[60]谭鹍, 史钰, 魏勇刚. 我国儿童友好城市建设的现状与展望——基于四个城市的经验分析[J]. 陕西学前师范学院学报, 2021（1）: 111-119.

[61]谭一之. 我国公共图书馆少儿服务的国家义务配置[J]. 图书馆研究与工作, 2023（8）: 5-11.

[62]唐兵. 公共资源网络治理中的整合机制研究[J]. 中共福建省委党校学报, 2013（8）: 13-17.

[63]唐兵. 论公共资源网络治理中的信任机制[J]. 理论导刊, 2011（1）: 49-51.

[64]唐怡, 熊苑. 国内儿童友好型城市的在地化探索——以扬州为例[C]//中国城市规划学会, 成都市人民政府. 面向高质量发展的空间治理——2021中国城市规划年会论文集（11城乡治理与政策研究）. 深圳市城市规划设计研究院有限公司, 2021: 9.

[65]涂咏梅. 公共资源如何影响家庭因素的教育质量效应——以非成绩型教育质量为例[J]. 财政监督, 2013（10）: 60-62.

[66]王桂玲, 李君阳. 谈儿童友好学校及其创建[J]. 延边教育学院学报, 2009（4）: 96-98.

[67]王名. 中国公益慈善: 发展、改革与趋势[J]. 中国人大, 2016（7）: 40-44.

[68]王天骄. 动作发展视角下成都市儿童友好型城市公园儿童活动空间研究[D]. 成都: 成都大学, 2023.

[69]魏莞月, 杭行. 社会企业参与儿童友好社区的双元价值共创研究——以TM早启教育为例[J]. 中国管理信息化, 2023（12）: 203-205.

[70]吴宝玉. 深圳市福田区儿童友好型图书馆建设策略研究[D]. 哈尔滨: 哈尔滨工业大学, 2021: 1.

[71]吴光芸. 利益相关者合作逻辑下的我国城市社区治理结构[J]. 城市发展研究, 2007（1）: 82-86.

[72]吴刘帅. 乡村中的儿童自然教育基地景观规划研究[D]. 杭州: 浙江农林大学, 2020.

[73]吴鹏飞. 儿童福利权国家义务论[J]. 法学论坛, 2015（5）: 32-41.

[74]徐辰, 申立. 儿童参与城市规划编制的方法与机制研究——以上海为例[J]. 上海城市管理, 2022（5）: 58-64.

[75]徐阳泰，毛太田，秦顺. 儿童阅读权利保障的体系化与标准化——《公共图书馆少年儿童服务规范》解读与启示[J]. 图书馆建设，2020（3）：50-59.

[76]薛国凤. 从理念到实践：儿童友好城市建设的推动机制[J]. 少年儿童研究，2024（2）：94-100.

[77]闫树涛. 结构、行动与制度：城市社区中的社会组织有效协同治理[J]. 河北学刊，2020（6）：177-185.

[78]燕继荣. 社区治理与社会资本投资——中国社区治理创新的理论解释[J]. 天津社会科学，2010（3）：59-64.

[79]杨贵华. 社区共同体的资源整合及其能力建设——社区自组织能力建设路径研究[J]. 社会科学，2010（1）：78-84.

[80]杨贵华. 社区共同体的资源整合及其能力建设——社区自组织能力建设路径研究[J]. 社会科学，2010（1）：78-84.

[81]杨红伟. 代理悖论与多元共治：传统公共资源管理的缺陷及矫正机制[J]. 经济研究导刊，2014（32）：286-288.

[82]杨秀勇，朱鑫磊，曹现强. 数字治理驱动居民社区参与：作用效果及限度——基于"全国社区治理和服务创新实验区"的实证研究[J]. 电子政务，2023（2）：72-82.

[83]叶竹云. 基于"儿童友好城市"理念的少儿图书馆服务研究[J]. 兰台内外，2021（23）：51-53.

[84]于海. 一米视角沈阳推进儿童友好型口袋公园建设[N]. 沈阳日报，2024-06-18（2）.

[85]于兴国. 创建"爱生学校"的几点思考[J]. 师范教育，2002（Z1）：9-10.

[86]张承博，刘思毅，朱查松. 儿童友好城市的国内研究进展与国外经验启示[J]. 中外建筑，2022（8）：86-92.

[87]张佳安. 社区能力建设视角下老年友好社区建设的路径[J]. 西北师范大学报（社会科学版），2021（6）：107-119.

[88]张谊. 国外城市儿童户外公共活动空间需求研究述评[J]. 国际城市规划，2011（4）：47-55.

[89]张振华. 集体选择的困境及其在公共池塘资源治理中的克服——印第安纳学派的多中心自主治理理论述评[J]. 行政论坛，2010（2）：25-29.

[90]章莉. 以游戏为载体建设儿童友好型学校[J]. 教学与管理，2022（8）：8-10.

[91]赵欣. 迈向福利共享型社会：儿童友好社区的建设逻辑与持续生产机制——基于上海的实践经验研究[J]. 甘肃行政学院学报，2022（2）：54-65.

[92]周鸽. 探究人与自然互动的城市景观设计方法[J]. 美与时代（城市版），2016（12）：51-52.

[93]周进萍，周沛. 城市社区治理共同体生成路径、类型特质与实践反思——基于 56 个案例的 QCA 定性比较研究[J]. 治理研究，2022（6）：93-104.

[94]朱宪辰，李玉连. 异质性与共享资源的自发治理——关于群体性合作的现实路径研究[J]. 经济评论，2006（6）：17-23.

[95]卓健，曹根榕. 街道空间管控视角下城市设计法律效力提升路径和挑战[J]. 规划师，2018（7）：18-25.

[96]宗振芬. 国外儿童友好城市建设的特色做法[J]. 群众，2021（08）：67-68.

[97]布伦丹·格利森，尼尔·西普. 创建儿童友好型城市[M]. 丁宇，译. 北京：中国建筑工业出版社，2014.

[98]约翰斯顿. 人文地理学词典[M]. 柴彦威等，译. 北京：商务出版社，2000.

[99]王彦辉. 走向新社区——城市居住社区整体营造理论与方法[M]. 南京：东南大学出版社，2003.

[100]小威廉·休厄尔. 历史的逻辑——社会理论与社会转型[M]. 朱联璧，费滢，译. 上海：上海人民出版社，2020.

后　记

以童眸丈量城市，共筑成长友好空间

当我们将视线放低至孩童目力所及的高度，城市的肌理便呈现出截然不同的叙事逻辑。本书试图完成的，正是这样一场以"1米高度"为基准的城市认知革命——在儿童友好视角下，重新解构并建构城市公共资源的教育价值体系。我们相信，唯有将儿童的发展需求深度融入城市肌理，方能在钢筋水泥间浇灌出滋养童年的沃土，让每寸空间都成为支持生命成长的有机载体。

在探索城市公共空间的育人潜能时，我们首先将目光投向社区这一微观社会单元。通过构建"公益驱动—专业运营—居民自治"的闭环系统，社区不仅实现了教育资源的动态循环，更在共建共享中唤醒了居民的主体意识，让儿童友好成为社区发展的内生动力。当公共空间成为邻里守望的教育场域，儿童便能在日常生活的褶皱里触摸成长的温度。

文化场域中的公共图书馆，正蜕变为城市的知识心脏。在这里，阅读空间与互动体验有机融合，文化服务向特殊群体温柔倾斜；在这里，儿童通过阅读丈量世界，成人亦在陪伴中完成教育理念的更新。

自然场域里的公园设计，则演绎着"寓教于乐"的当代注解。安全性构筑探索的底气，可达性打破空间的区隔，趣味性激发创造的火花。当滑梯与绿荫对话，沙池与星空私语，儿童在天地间的自由舒展，恰是对"教育即生长"最生动的诠释。

从城校融合的协同创新，到文化场馆的育人转型，再到社区空间的活化再生，本书试图勾勒的，是一幅城市公共资源全域育人的立体图景。知识性建构认知框架，操作性培养实践能力，愉悦性守护精神家园，三者在交互渗透中晕染出童年应有的斑斓底色。

本书获得"研究阐释党的二十大精神"成都市哲学社会科学规划"雏鹰计划"专项重点项目"成都城市公共资源教育功能及实践路径研究"（2022E09）、成都大学人文社会科学出版资助基金（CBZ202401）及"成都市级儿童友好社区建设经验研究"（2022ETYHCSJS03）等项目的支持。由成都大学黄媛媛同志负责全书撰写、人员分工、统稿等工作，庄爱玲同志牵头提纲设计。各章节执笔人将学术思考注入鲜活实践，在理论深耕与田野调查间架设桥梁。本书各章的撰写分工：黄媛媛、陈思锦（第一章），庄爱玲、刘昀霞（第二章），黄媛媛、李欣怡（第三章），庄爱玲、胡晚春、李良率竹（第四章），吴昔纭、何欣、刘昀霞（第五章），黄媛媛、罗梦瑶（第六章）。

特别感谢成都市社会科学界联合会与成都大学的鼎力支持，使本书得以呈现。囿于研究时限与认知局限，书中难免存在未尽之思与待商之处。我们诚挚期待读者诸君的批评指正，相信在持续的对话与反思中，儿童友好城市的建构理念将日益臻善。